W0070677

Klaus Heilmann

# Kikis nützlicher Kinderratgeber

# Klaus Heilmann

# Kikis nützlicher Kinderratgeber

## Was Erwachsene
## über Kinder wissen sollten

Mit Zeichnungen von Vincent Weis
(beinahe 8 Jahre)

Knaur

Besuchen Sie uns im Internet:
www.knaur.de

Die Folie des Schutzumschlags sowie die Einschweißfolie
sind PE-Folien und biologisch abbaubar. Dieses Buch wurde
auf chlor- und säurefreiem Papier gedruckt.

Copyright © 2008 bei Knaur Verlag.
Ein Unternehmen der Droemerschen Verlagsanstalt
Th. Knaur Nachf. GmbH & Co. KG, München
Alle Rechte vorbehalten. Das Werk darf – auch teilweise –
nur mit Genehmigung des Verlages wiedergegeben werden.
Umschlaggestaltung: ZERO Werbeagentur, München
Umschlagillustration: Susanne Kracht
Satz: Adobe InDesign im Verlag
Druck und Bindung: GGP Media GmbH, Pößneck
Printed in Germany
ISBN 978-3-426-65456-9

2   4   5   3   1

Kinder können so oder so sein,
meist sind sie so.

Kiki

# Inhalt

# Erstes Kapitel

in dem ich zuerst einmal sage,
wer ich bin. Und warum ich mir die
Mühe gemacht habe, dieses Buch
zu schreiben.

Also, das mit dem Buch ist so:

Meine Eltern denken ja ständig darüber nach, wie sie mich und meine Brüder besser erziehen können, damit aus uns mal was Ordentliches wird. Dabei ist das gar nicht nötig, wir sind schon was ziemlich Ordentliches. Selbst die Erwachsenen sagen von mir, ich wäre ein aufgewecktes Kind.

Ach so, vielleicht sollte ich erst noch sagen, wer ich bin: Ich heiße Kiki, gehe in die Dritte und werde zehn. Also, eigentlich bin ich neun. Aber ich sage immer, ich werde zehn, weil wenn man neun geworden ist, sind ja schon neun Jahre vorbei. Und nach neun wird man zehn.

Also, meine Eltern. Wahrscheinlich sehen die,

dass wir größer geworden sind und uns geändert haben, und nun wissen sie nicht, was sie machen sollen. Manche Eltern tun sich ja schwer damit, dass ihre Kinder erwachsen werden, das weiß man. Mama, ich nenne nur mal ein Beispiel, will einfach nicht begreifen, dass ich kein Kind mehr bin und selbst weiß, ob ich für die Schule mehr tun muss oder ob es schon reicht.

Wenn die Eltern mit ihren Kinderproblemen nicht weiterkommen, wühlen sie sich wie die Maulwürfe durchs Internet und suchen nach nützlichen Erziehungstipps. Oder sie rennen in Buchhandlungen und kaufen schlaue Ratgeberbücher von supergescheiten Kinderpsychologen.

Also, die Ratschläge, die Mama in *den* Büchern gefunden hat und für die sie ein Vermögen ausgegeben hat, haben bei mir gar nichts gebracht. Da hätte sie besser mich mal erst fragen sollen, dann hätte sie sich eine Menge Geld erspart. Und mir endlich das Taschengeld erhöhen können.

Aber vielleicht haben die schlauen Ratgeberbücher auch nur deshalb bei mir nichts gebracht, weil ich die nämlich in Mamas Wäscheschrank gefunden habe und schon vor ihr darin gelesen habe. Da wusste ich dann immer schon, welcher von den schlauen Ratschlägen als Nächstes an mir und meinen beiden Brüdern ausprobiert wird.

Eltern glauben ja gerne, dass zu Hause und in der Schule alles besser laufen würde, wenn die Kinder sich ändern würden. Und die Lehrer glauben das auch.

Dabei ist es genau umgekehrt: Nicht die Kinder müssen sich ändern, die Erwachsenen müssen sich ändern, besonders die Eltern. Und die Lehrer natürlich auch.

Und deshalb habe ich beschlossen, mich um die Erziehung von Papa und Mama in Zukunft selbst zu kümmern.

Ich bin also in eine Buchhandlung, eine ganz große, in der es sogar eine Spezialabteilung für Kindererziehung und Schule gegeben hat, und habe dort nach einem Erziehungsratgeber für Kinder gesucht. Auf einer großen Tafel habe ich die Abteilung für Erziehungsratgeber entdeckt. Fünfter Stock. Wie kann man denn so wichtige Bücher in den fünften Stock tun?, habe ich gedacht. Da ist es kein Wunder, wenn bis da oben niemand hin will und es mit der Erziehung hinten und vorne nicht klappt.

Im fünften Stock nichts wie Mütter mit Babygemüse in Kinderwägen. Was wollen die denn hier?, habe ich gedacht, Kleinkinder müssen doch noch gar nicht erzogen werden. Nur gut gefüttert und ausgefahren müssen sie werden. Aber an der frischen Luft und nicht in Buchläden. Kinder soll man ruhig machen lassen, sagt mein Onkel Poldi immer, dann werden sie viel schneller selbständig. Onkel Poldi, muss man wissen, hat keine eigenen Kinder, nicht einmal eine eigene Frau. Deswegen hat er auch so viel Verständnis für sie.

Ich habe mich nach meinem Ratgeber umgeguckt, und wie ich so im Gucken bin, hat mich eine der Verkäuferinnen angequatscht. Sie hat ein Gesicht gehabt wie eine Eule, war aber ganz nett.

»Ich weiß schon, wonach du suchst, mein Kind«, hat sie gesagt und mir gewunken, mitzukommen.

Das ist aber toll, habe ich gedacht, die weiß schon, was ich suche, ohne dass ich überhaupt was gesagt habe. Und als ich sie mir dann näher betrachtet und gesehen habe, dass sie schon ziemlich schrumplig ist, so wie die Oma vom Berthold, dem blöden Streber, ist mir gleich klar gewesen, dass sie eine Wahnsinnserfahrung haben muss.

Sie hat ein Buch aus dem Regal genommen und es mir in die Hand gedrückt. *Biene Maja,* habe ich gelesen. Ich habe ihr das Buch zurückgegeben mit einem Blick, den sie so schnell nicht vergessen wird, und habe gesagt: »Ich suche kein Kinderbuch, ich suche einen Erziehungsratgeber.«

Da sind der Eule fast die Eulenaugen aus dem Kopf gefallen, und sie hat gleich mit einer anderen Eule getuschelt, und ich habe gehört, wie sie gesagt hat: »Ein ganz aufgewecktes Kind, die Kleine. Sie sucht ein Buch über Erziehung. Anscheinend will sie selbst was dafür tun, das findet man ja selten in diesem Alter.«

Dann hat sie mich in eine andere Abteilung geschleppt zu einer Kollegin, die noch ganz jung war und so angemalt wie die Verkäuferinnen im Kosmetikgeschäft von der Frau Eiermeier. Ich habe sie gefragt, ob sie mir zeigen kann, wo die Erziehungsratgeber stehen. Sie hat gesagt, dass alle Bücher in den Regalen Erziehungsratgeber sind, dass sie mir aber keinen empfehlen kann, weil sie nur weiß, wo die Bücher stehen, aber nicht, was drinnen vorkommt.

Also habe ich selbst geguckt.

Was es da alles für Bücher gibt, das glaubt man nicht.

*Was mein Baby einmal werden soll,* war ein Titel. Da geht es ja schon los, habe ich gedacht. Wie können Eltern entscheiden, was ihr Kind einmal werden soll, noch dazu in diesem zarten Alter.

Lustig fand ich den Titel *Krach und Harmonie im Kinderzimmer.* Also auch woanders gibt es das, habe ich gedacht. Dabei tut Mama doch immer so, als gäbe es nur bei uns Kriegsverhältnisse.

Und dann ein ganz heißes Buch: *Starke Mütter, erfolgreiche Schüler.* Genau!, habe ich zu mir gesagt. Wie soll ich auch in der Schule erfolgreich sein, wenn Mama nicht stark ist?

»Sagt dir denn gar nichts zu?«, hat mich die Verkäuferin dann irgendwann gefragt, weil sie gesehen hat, dass ich immer noch am Suchen war.

»Nein«, habe ich geantwortet, »das sind ja alles Erziehungsratgeber für Eltern. Davon haben meine Eltern schon genug, die haben bei uns gar nichts gebracht. Und später auf dem Flohmarkt auch nicht viel. Ich suche einen Erziehungsratgeber für Kinder«, habe ich ihr erklärt, »so einen mit heißen Tipps, wie Kinder ihre Eltern vernünftig erziehen können.«

»Solche Ratgeber gibt es überhaupt nicht«,

hat sie geantwortet und mich einfach stehen lassen. Ziemlich unfreundlich fand ich das.

Also bin ich mit leeren Händen wieder abgezogen und habe gedacht: Da gibt es nun Hunderte von Ratgeberbüchern für Eltern, aber kein einziges für Kinder. Kein Wunder, dass die Kinder mit der Erziehung ihrer Eltern nicht klarkommen.

Aber dann ist mir *die* Idee gekommen: dass ich ja den Erziehungsratgeber für Kinder auch selbst schreiben kann.

Damit die Erwachsenen endlich kapieren, wie Kinder wirklich sind. Und was sie wollen und brauchen. Weil nämlich, was richtig und gut für Erwachsene ist, nicht automatisch auch richtig und gut für Kinder ist. Und damit sie verstehen, wie die Kinder glücklich werden können. Weil die das nämlich selbst am besten wissen. Und die Erwachsenen das nicht wissen, sonst bräuchten sie keine Bücher kaufen, aus denen sie das erst lernen müssen.

Ich habe dann auch gleich mit Schreiben angefangen, weil man so was nämlich gleich tun muss. Mit guten Vorsätzen allein ist es da nicht getan. Das weiß ich von meinen Schulnoten, für die habe ich auch immer gute Vorsätze, aber gute Noten kommen leider nie dabei heraus.

Ob ich das als Kind überhaupt kann, so ein Buch schreiben, wollen Sie wissen?

Aber holla!

Also, erstens bin ich kein Kind mehr, sondern neun, also eigentlich fast schon zehn, und da ist man kein Kind mehr. Natürlich nur als Mädchen, die Jungs brauchen länger. Oft ein ganzes Leben lang.

Zweitens habe ich jede Menge Erfahrung mit Eltern und Schule.

Und drittens bin ich in meiner Klasse die Beste im Schreiben und Lesen, weil ich nicht nur zu Hause unter der Bettdecke lese, sondern auch während des Unterrichts. Und deswegen die meisten Strafaufsätze schreiben muss. Das übt.

Und außerdem habe ich jede Menge Phantasie. Und Phantasie ist in der Kindererziehung das Wichtigste überhaupt. Und nicht nur in der Kindererziehung, in allen schwierigen Familiensituationen hilft Phantasie.

Ich nenne Ihnen nur mal ein Beispiel: Wenn das Zeugnis bei Ihrem Kind nicht so gut ausgefallen ist, wie Sie das vielleicht erwartet haben, brauchen Sie sich nur vorzustellen, dass es nicht so schlecht ist, wie es auf den ersten Blick aussieht. Oft trügt ja der erste Eindruck, wie man weiß. Und schon können Sie wieder froh in die Zukunft blicken. Aber dazu muss man natürlich Phantasie haben. In manchen Fällen sogar ziemlich viel.

So, ich denke, jetzt glauben Sie mir, dass ich so ein Buch schreiben kann. Hoffentlich lernen Sie über Kinder was daraus, sonst hätte ich mir die Mühe echt sparen können.

Und wenn Ihnen der eine oder andere meiner Tipps nicht gleich gefällt, dann denken Sie gar nicht erst lange drüber nach. Probieren Sie ihn einfach mal aus. Auch wenn es voll danebengeht, aus jeder Katastrophe kann man lernen.

PS: Natürlich können auch Lehrer aus meinem Buch was lernen, ich wollte das nur nicht schon gleich am Anfang so deutlich sagen. Weil man mit denen nämlich ganz vorsichtig sein muss, mit den Lehrern. Ich weiß das, das können Sie aber glauben.

# Zweites Kapitel

*in dem ich mir über die Eltern so
meine Gedanken mache.*

Also, über die Eltern mache ich mir schon lange
meine Gedanken. Als Baby natürlich noch nicht,
aber seit ich in der Schule bin schon. Und jeden
Tag mehr.

Für Babys sind ja alle Großen Eltern. Aber irgendwann kommen auch die Babys dahinter,
dass es nicht nur Eltern gibt.

Und wenn sie keine Babys mehr sind, merken
sie irgendwann, dass es nicht nur Eltern gibt,
sondern auch ganz normale Erwachsene. Und
dass die Eltern noch viel schwieriger sind als die
normalen Erwachsenen. Und die können einem
schon ganz schön auf den Keks gehen. Vor allem,
wenn sie immer so erwachsen tun vor uns Kindern.

Wenn es in der Schule ein Fach »Eltern« geben würde, wäre ich die Beste darin. Über Eltern

weiß ich alles. Mir können die nichts vorma-
chen, aber holla! Aber das werden Sie ja vielleicht auch schon gemerkt haben.

Irgendwie sind alle Eltern gleich. Und ganz anders als die normalen Erwachsenen. Wahrscheinlich, weil, wenn die Erwachsenen Eltern werden,
sie nicht mehr normal sind. Nur warum?

Ich habe Mamas beste Freundin, die Frau
Knesebeck, danach gefragt. Und die hat gemeint,
dass die *Kinder* schuld daran sind, wenn die
Erwachsenen sich so verändern. Ohne Kinder
würden sie normal bleiben.

Ach ja, immer die Kinder!, habe ich nur gedacht. Wenn den Erwachsenen nichts Besseres
einfällt als Entschuldigung, sind es immer die
Kinder. Ich habe dann gar nicht mehr weiterdis-
kutiert mit ihr. War ja auch blöd von mir, dass
ich sie überhaupt gefragt habe. Was weiß denn
eine Frau ohne Kinder schon von Eltern?

Ich habe das Thema dann mit meinem Onkel
Poldi besprochen. Und der hat mir erzählt, dass
Mama und Papa ganz anders waren, als sie noch
keine Eltern waren. Als sie noch ganz normale
Erwachsene gewesen sind. Vor allem nicht so
ungeduldig und so leicht erregbar. Da scheint
sich ja bei ihnen etwas gar nicht günstig entwi-
ckelt zu haben.

Als dann nämlich mein Bruder Alexander unterwegs war, ist plötzlich alles ganz anders geworden mit ihnen. Alexander ist mein älterer Bruder und wird Alex genannt. Obwohl er noch gar nicht auf der Welt war, haben sie sich schon als Vater und Mutter gefühlt. Und überall verkündet, dass sie nun Eltern sind. Und haben ein Bettchen aufgestellt, obwohl er in Mamas Bauch noch gar nicht zu sehen war. Nicht einmal mit einem Vergrößerungsglas.

Sie haben es gar nicht mehr erwarten können, erzählt Onkel Poldi, ihn schreien zu hören. Aber als sie ihn dann schreien gehört haben, waren sie gar nicht mehr so erfreut.

Aber Babys schreien nun mal, damit die Eltern nicht vergessen, dass sie da sind. Das hat die Natur so eingerichtet.

Wenn die Kinder in ihren Bettchen liegen, geht es mit den Eltern ja noch, weil da die Kinder noch so klein sind. Und weil sie da noch nichts anstellen und nichts kaputt machen können und auch noch nicht weglaufen. Und weil die Eltern wissen, dass, wenn sie kleine Kinder anschreien, die noch viel lauter zurückschreien.

Aber später, wenn wir krabbeln können und auf den Beinen sind, da dürfen wir schon nicht mehr tun, was wir gerne möchten. Da geht es dann schon los mit den Verboten.

Eigentlich schon früher. Schon wenn die Mamas ihren Kindern das Sprechen beibringen. »Mama« lernen sie ja als Erstes. Aber nicht weil es die Natur so eingerichtet hat, sondern weil es die Mamas untereinander so ausgemacht haben. Und als zweites Wort kommt dann nicht etwa Papa, sondern »nein«.

Weil nämlich die *Neinnein neinnein*
Mamas oft und gerne
»nein« sagen. »Neinnein« sagen sie immer. »Jaja« sagen sie nie.

Eigentlich verbieten Eltern den Kindern ja ständig alles. Nur die Hausaufgaben verbieten sie einem nicht. Warum die Kinder aber den Eltern nichts verbieten dürfen, das würde ich gern mal wissen.

Und auch das möchte ich gerne wissen: Warum sich die Eltern so viel Stress mit uns Kindern machen, um uns zu erziehen. Das wäre doch gar nicht nötig. Onkel Poldi sagt immer: »Kinder erziehen sich von selbst, da soll man sich gar nicht einmischen.«

Also, statt sich dauernd über uns Kinder zu ärgern, sollten sich die Eltern lieber über uns freuen, solange sie uns noch haben. Denn das geht oft ganz schnell, und dann sind wir groß und aus dem Haus. Und Tränen bringen uns dann auch nicht mehr zurück. So ist das Leben.

Aber statt dass Mama mich ruhig machen lässt, so wie ich mir das vorstelle, versucht sie dauernd, an mir herumzuerziehen. Und beschwert sich auch noch, wenn sie vor lauter Kinderarbeit zu nichts mehr kommt für sich. Als ob das unsere Schuld wäre, dass wir da sind. Das muss ich hier schon mal sagen.

Kinder muss man sich gut überlegen, bevor sie kommen. Denn wenn sie erst mal da sind, sind sie da. Nachdenken, ob man sie überhaupt gewollt hat, braucht man dann nicht mehr.

Also, wenn man keine will, soll man sich auch keine anschaffen. Denn Kinder sind nicht nur Freudenspender, die machen auch richtig viel Arbeit. Und brauchen Liebe. Und Zeit.

Ob Eltern eigentlich wissen, dass man gerade mit Kindern ganz behutsam umgehen muss?

Dass man zu den Kindern nett sein muss. Und Verständnis für sie haben. Und ihnen zuhören und sie ernst nehmen muss. Damit aus ihnen einmal nette Erwachsene werden und später nette Eltern.

Und dass die Kinder, wenn die Eltern und die anderen Erwachsenen so weitermachen, keine

Lust mehr haben werden, auf die Welt zu kommen.

Und dass die Erwachsenen dann niemanden haben, der für sie sorgt, wenn sie einmal alt sind.

Und dass die Eltern dann immer weniger werden auf der Erde. Bis es auch keine Kinder mehr gibt.

Und dann sterben wir alle aus.

Ja, mit den Kindern haben es die Eltern nicht leicht. Aber die Kinder mit den Eltern auch nicht. Also müssen sich beide bemühen, mit einander auszukommen. Was nicht leicht ist, ich weiß das.

Mit Mama oder Papa allein komme ich übrigens besser zurecht als mit beiden zusammen. Gemeinsame Gespräche führen zu gar nichts. Da halten die nur zusammen, und man zieht als Kind immer den Kürzeren.

Wenn ich was zu besprechen habe, zum Beispiel über die Schule, oder weil ich dringend was brauche, dann nur mit einem von beiden. Meist mit Papa, der hat mehr Verständnis für die Gefühle und Wünsche eines zarten Mädchens.

Niko, mein kleiner Bruder, hält sich mehr an Mama, weil die schneller weich wird als Papa. Wenn er bei ihr was durchsetzen will, heult er.

Das hält sie meist nicht lange durch. Und weil er damit so erfolgreich ist, lasse ich ihn jetzt auch schon manchmal für mich heulen, wenn ich was brauche.

Aber Mama und Papa zusammen, das ist der reine Wahnsinn. Die rotten sich richtig zusammen gegen uns Geschwister. Und tun so, als wären wir wilde Tiere. Dabei sind wir überhaupt nicht wild, nur etwas lebhaft.

Onkel Poldi hat mir da eine sehr interessante Geschichte erzählt aus meiner Kindheit: Um Mama zu zeigen, dass ich als Krabbelkind schon stehen kann, soll ich mich einmal an der Tischdecke hochgezogen haben. Leider hat die Tischdecke nachgegeben, und ich bin mit dem Geschirr und einem Honigtopf wieder auf dem Boden gelandet. Aber statt mich aufzuheben und zu trösten, haben mich die beiden in den Scherben und dem Honig einfach liegen lassen. Und Papa soll Mama auch noch in die Arme genommen und wegen der blöden Scherben getröstet haben. Statt dass die beiden stolz darauf sind, dass ich ein Frühentwickler bin.

Dabei ist das doch eine ganz wichtige Erfahrung, die ich da in einem so frühen Alter gemacht habe: dass Geschirr nämlich kaputtgehen kann und Honig klebt.

Also, wenn *meinem* Kind so etwas einmal passieren sollte, werde ich mich jedenfalls anders verhalten. Ich werde mich nicht von meinem Mann in die Arme nehmen und trösten lassen. Ich werde mein Kind in die Arme nehmen und meinen Mann die Scherben und den Honig aufräumen lassen. Selbst wenn er hinterher klebt.

Also, vieles bei den Eltern ist schon sehr merkwürdig. Ich nenne nur mal ein Beispiel: Wenn sie nicht wollen, dass wir was tun, was wir gerne tun würden, sagen sie zu uns: »Da bist du noch zu klein dazu. Du bist ja noch ein Kind.«

Aber wenn sie wollen, dass wir etwas tun, was wir eigentlich gar nicht tun wollen, dann sind wir plötzlich keine Kinder mehr. Da sagen sie dann: »Du bist doch nun schon groß. Bist doch schon ein kleiner Erwachsener.«

Ich sage dann meist: »Wie kann ich denn heute schon groß und erwachsen sein, wenn ich gestern noch ein Kind war?«

Das geht nur, wenn es die Erfindung von meinem Bruder Niko einmal gibt. Niko, muss man wissen, ist ziemlich gut im Erfinden von tollen neuen Sachen. Der kann es auch nicht mehr erwarten, erwachsen zu sein. Damit er endlich Sachen machen kann, die nur die Erwachsenen dürfen.

Deswegen ist Niko gerade dabei, einen Apparat zu erfinden, in den man eine Münze einwirft, als Kind hineingeht und als Erwachsener wieder herauskommt. Genial!

Niko hat seine Idee mit dem Automaten Papa erzählt. Papa hat die Idee auch prima gefunden. Hat aber gemeint, dass ein Automat, in dem man jünger wird statt älter, noch viel interessanter wäre. Und Onkel Poldi hat das Gleiche gemeint. Und Mama auch.

Die Erwachsenen soll einer verstehen, also echt! Die waren doch auch mal Kinder.

Doch das vergessen sie gerne, die Erwachsenen, dass sie auch mal Kinder waren und schnell groß werden wollten.

Aber Sie sollten das nicht vergessen und sich ruhig mal daran erinnern, wie es bei Ihnen war, als Sie noch ein Kind waren. Denn dann würden Sie Ihre Kinder viel besser verstehen und sich mit ihnen leichter tun.

# Drittes Kapitel

in dem ich über den ersten Schultag
spreche. Und vom letzten träume.

Ich will mit dem ersten Schultag anfangen, weil
er der schönste Tag im Leben eines Schulkindes
ist, wie die Erwachsenen sagen. Da haben sie
auch recht, deswegen kriegen die Kinder ja auch
eine Schultüte. Aber dass es meist der einzige
wirklich schöne Schultag ist und dann nicht
mehr viele kommen, das wissen die Kinder am
ersten Schultag noch nicht. Weil die da nämlich
noch ahnungslos sind. Total.

»Nun ist er also endlich da«, hat Mama am
ersten Schultag zu mir gesagt, »der Tag, auf den
du dich so sehr gefreut hast. Jetzt bist du ein
Schulkind.« Und alle haben mich gefragt, ob ich
mich schon auf die Schule freue. Und ich habe
»Ja, sehr« gesagt.

Gefreut auf Schule habe ich mich ja auch. Im
Kindergarten bin ich lange genug gewesen, und

der ist allmählich langweilig geworden. Aber so sehr, wie Mama glaubt, dass ich mich auf Schule gefreut habe, habe ich mich nun auch wieder nicht gefreut.

Mama hat mir nämlich immer wieder mit Schule gedroht: »Warte nur«, hat sie immer gesagt, »wenn du erst mal in der Schule bist. Da wirst du dann schon lernen, stillzusitzen und dich anständig aufzuführen.« Deshalb wollte ich dann auch gar nicht mehr hin, ist doch klar. Aber als Mama das gemerkt hat, hat sie plötzlich angefangen, die Schule in den allerhöchsten Tönen zu loben. Mit so einem Flötenstimmchen, wie es die Mütter gerne haben, wenn sie bei den Kindern was auf die Sanfte erreichen wollen. Das hat mich natürlich stutzig gemacht, und mir sind auch gleich die schlimmsten Befürchtungen gekommen.

Als mein Bruder Niko ein Jahr später in die Schule gekommen ist und von den Erwachsenen das Gleiche gefragt wurde: »Na, freust du dich schon auf die Schule?«, hat er »Nein, überhaupt nicht« gesagt. Klar, dass da allen die Spucke weggeblieben ist.

Mama hat zur Beruhigung »Das kommt schon noch« gesagt. Aber bei Niko ist gar nichts gekommen, der war voll aufgeklärt durch mich.

Mit der Schule ist es ja wie mit den Kindern. Zuerst freut man sich ganz doll auf sie. Aber wenn sie dann da sind und anfangen, Probleme zu machen, ist die Freude schnell dahin.

Wie alle Kinder habe auch ich eine Schultüte gehabt. Von Mama selbst gebastelt und sehr schön. In eine so schöne Schultüte hätten natürlich auch schöne Spielsachen hineingepasst. Leider war sie nur mit nützlichen Schulsachen gefüllt.

Na ja, eigentlich hatte ich auch gar nichts anderes erwartet. Die Schultüte ist doch eh nur dazu da, den Kindern weiszumachen, dass Schule was mit Freude zu tun hat. Und das hat sie ja nun wirklich nicht. Aber mit sechs hat man natürlich noch keine Erfahrungen mit Schule, da ist man noch voll naiv. Da freut man sich sogar über eine Tüte, die nur mit nützlichen Schulsachen gefüllt ist.

Manche Mütter heben die Schultüten ihrer Kinder über Jahre auf. Meine Schultüte konnte Mama nicht so lange aufheben, weil ich im Fasching ein Burgfräulein war und die Schultüte als Kopfschmuck gebraucht habe und ein Ritter sie mir geraubt hat. Das aber nur nebenbei.

Meinen Schulranzen haben wir schon viele Monate vor Schulbeginn gekauft. Mama hat mich zum Ranzenkauf mitgenommen. Er sollte mir ja gefallen und mich für Schule motivieren.

Den gemeinsamen Ranzenkauf hat das Schulministerium in einem Infoblatt empfohlen gehabt. Mama hat ja zu Schulbeginn alles getan, was das Schulministerium geraten hat.

Der vom Schulministerium empfohlene Ranzen hatte Leuchtstreifen an den Seiten. Und hinten Reflektoren, mehr, als unser Schulbus hat. Der Verkäufer hat Mama erklärt, dass der Ranzen wasserdicht ist und schmutzabweisend. Aber als ich ihn auf den Boden gestellt habe, hat er gesagt, dass ich vorsichtig sein soll, damit er nicht schmutzig wird.

Den Ranzen, den Mama gewollt hat, habe *ich* aber nicht gewollt. Er war viel zu groß für mich. So viele Sachen hatte ich gar nicht vor in die Schule mitzunehmen. Und außerdem hatten so einen schon fünf andere Mütter vor uns gekauft. Aber einen Ranzen, den schon fünf andere Kinder haben, wollte ich nicht. Man hätte uns am Ende noch für Fünflinge gehalten.

Ich habe Mama dann erklärt, dass dieser Ranzen viel zu schwer ist für ein zartes Mädchen.

Und dass schwere Ranzen die Wirbelsäule verbiegen können und man dann vielleicht nicht geheiratet wird.

Ich glaube, Mama hat an so was gar nicht gedacht gehabt. Aber seit ich es ihr gesagt habe, denkt man in vielen Familien darüber nach.

Und Sie sollten das auch tun, wenn Sie eines Tages einen Ranzen für Ihr Kind kaufen. Etwas kleines Unauffälliges für die Schule genügt völlig. Bloß das Kind nicht schon auf dem Schulweg mit überflüssigen Sachen belasten.

An meinem ersten Schultag ist Mama mitgegangen, aber nur am ersten. Danach habe ich ihr klargemacht, dass es zu Hause genug zu tun gibt für sie und dass ich ihr den Gang zur Schule deshalb gerne ersparen möchte.

Und dass auch sie endlich lernen muss, loszulassen. Das mit dem Loslassen habe ich aus Mamas Ratgeberbuch *Mein Kind kommt in die Schule* gehabt.

Ja, wie wäre ich denn vor den anderen Kindern dagestanden, mit Mama an der Seite?! Am liebsten wäre sie in den ersten Wochen auch noch im Unterricht dabeigeblieben, also echt! Aber manchmal denke ich, wenn sie meine Hausaufgaben kontrolliert, dass ihr das vielleicht gar nicht geschadet hätte.

Von der kleinen Feier für die Erstklässler in der Turnhalle und meinem Klassenzimmer hat Mama zur Erinnerung Fotos gemacht. Alle Mütter haben Fotos gemacht. Und wenn sie gerade nicht geknipst haben, haben sie sich von Mutter zu Mutter ausgetauscht. Da haben sie natürlich nicht viel mitbekommen können von der Feier.

In vielen Familien werden ja die Bilder vom ersten Schultag in Fotoalben aufgehoben oder an den Kühlschrank geklebt. Wahrscheinlich, damit die Mütter mit den schönen Erinnerungen leichter über die nicht so schönen Erfahrungen mit Schule hinwegkommen.

Also, ich klebe bei uns nicht am Kühlschrank. Nur Arni, unser Hund, klebt dort. Damit Mama nicht vergisst, ihn zu füttern. Der wäre sonst vielleicht schon verhungert. Aber das nur nebenbei.

Nachdem die Feier in der Turnhalle und die schöne Ansprache von der Frau Rektor zu Ende war, hat unsere Lehrerin uns unser Klassenzimmer gezeigt. Es war zu unserer Begrüßung festlich geschmückt. Also, auf Zimmerschmuck hätte ich leicht verzichten können. Das Zimmer sah aus wie eine Almhütte im Fasching. Statt der Deko hätte ich lieber den Werkraum und das

Musikzimmer gesehen und mir angeguckt, was es am Pausenkiosk alles gibt. Aber so was hat man uns nicht gezeigt.

Die Frau Österreich, so heißt unsere Rektorin, hat gesagt, dass unsere Lehrerin die netteste ist von allen und dass wir großes Glück haben, sie zu bekommen.

Später habe ich von anderen Kindern erfahren, dass sie das in allen Klassen gesagt hat. Wahrscheinlich, damit die Mütter glauben sollen, dass ihr Kind gerade bei seiner Lehrerin in den besten Händen ist. Aber oft gibt es an einer Schule nur für eine Klasse eine netteste Lehrerin. In den anderen Klassen müssen die Kinder dann nehmen, was kommt.

Wenn ein Kind später mit seiner Lehrerin dann gar nicht zurechtkommt, wird es mit seiner Mutter zum Schulpsychologen geschickt. Da brauchen die aber gar nicht erst hingehen. Der stellt sowieso immer fest, dass es am Kind liegt oder an den Eltern, aber nie am Lehrer. Kann ich aber auch verstehen. Der Schulpsychologe hat vielleicht auch Frau und Kinder zu Hause, die er ernähren muss. Und da will er nicht den Ast absägen, auf dem er sitzt.

Nach der Ansprache von der Frau Rektor mussten die Eltern rausgehen und draußen vor dem Klassenzimmer auf uns warten. Als sie drau-ßen waren, hat unsere Lehrerin gesagt, dass sie sich gerne um jedes einzelne Kind bemühen will, aber dass das bei zwanzig Kindern nicht immer leicht ist. Dass wir also lernen müssen, uns unterzuordnen und anzupassen. Als ich das gehört habe, habe ich meine Wünsche an Schule sofort total heruntergeschraubt.

Während sie noch vieles andere Interessante gesagt hat, was mich aber nicht so interessiert hat, habe ich mir überlegt, welches von den Kindern für mich wohl als Freund in Frage kommen könnte. Zwei waren dabei, die fand ich gleich gut.

Das eine Kind war die Tessa und das andere der Timo. Beide sind heute noch meine besten Freunde und haben alle meine Erwartungen voll erfüllt, vor allem die Tessa. Sie ist immer Klassenbeste und hilft mir, wenn ich gerade mal ein schulisches Tief habe. Eigentlich hilft sie mir das ganze Jahr, denn oft komme ich ein ganzes Jahr nicht aus dem Tief heraus.

Ich habe mich mit den beiden gleich gut verstanden und angefreundet. Wir haben uns in die hinterste Reihe gesetzt und ich mich ans Fenster. Ohne Fenster halte ich Schule einfach nicht aus, ausgeschlossen. Ich muss immer wieder hinaussehen, um meine Augen zu schonen. Der Blick auf die Tafel ist für Augen nämlich viel anstrengender als der Blick ins Freie. Timos Vater sagt das auch, und der ist Augenarzt. Das können Sie sich auch für Ihre Kinder merken.

Die Lehrerin wollte mich zwar mit anderen Kindern zusammensetzen, aber da habe ich mich von meiner hartnäckigen Seite gezeigt. Damit gleich mal klar war, dass ich ein Kind bin, das zu Widerstand bereit ist. Kann ich auch anderen Kindern nur empfehlen. Bloß nicht klein beigeben. Zähne zeigen, wie mein Onkel Poldi immer sagt.

Ganz am Schluss hat sich die Rektorin in der Eingangshalle von jeder Familie persönlich mit ein paar netten Worten verabschiedet.

Ich habe sie noch gefragt, woher sie eigentlich weiß, dass unsere Lehrerin von allen die netteste ist.

Da hat sie nichts zu sagen gewusst.

Dafür habe aber ich noch was gewusst. Ich habe gesagt, dass das doch nur die Kinder selbst wissen können, ob sie die netteste von allen ist. Aber nicht schon gleich am ersten Tag, frühestens nach einer Woche.

Die Frau Rektor hat gelächelt, und ihre Lippen sind dabei ganz schmal geworden und blass, und sie hat zu Mama gesagt: »Na, da kriegen wir ja ein ganz aufgewecktes Kind.«

Und Mama hat auf dem Nachhauseweg gemeint: »Da hast du dich ja schon gleich am ersten Tag von deiner besten Seite gezeigt.«

Darauf habe ich nur gesagt: »Wie kann ich mich denn von meiner besten Seite zeigen, wenn ich noch nicht mal gute habe?« Das sagt Mama nämlich immer zu mir, wenn sie sich über mich ärgert: »Hast du denn überhaupt keine guten Seiten?«

Da hat sie dann nichts mehr gesagt. Wahrscheinlich, weil es der erste Schultag war und sie den in guter Erinnerung behalten wollte. Viele Schultage, die sie in guter Erinnerung behalten konnte, sind dann auch nicht mehr gekommen. Aber das konnte damals noch niemand wissen. Nur ich habe es geahnt.

Das Beste am ersten Schultag jedenfalls war, dass er nicht lange gedauert hat. Und Mama zu Hause was Leckeres zu essen gemacht hat. Und dass auch Papa dabei war und Niko. Und mein Bruder Alexander nicht, der ist nämlich ein ziemliches Ekel.

Und wie ich mir schon gedacht hatte, so schön wie am ersten Tag ist Schule nie wieder gewesen.

Aber so wie mir geht es ja vielen Kindern. Da bleibt einem nur, sich auf den letzten Schultag zu freuen.

Und wenn es auf dem Weg dorthin mal Schwierigkeiten geben sollte, einfach Augen zu und durch. Und sich freuen, wenn man glücklich am Ziel angekommen ist.

Das kann ich überhaupt allen nur empfehlen, den Kindern und den Eltern: sich immer wieder auf den letzten Schultag freuen.

Und vielleicht wäre es eine ganz nette Idee, den Kindern fürs Durchhalten eine schöne Schultüte zu schenken, so wie am ersten Schultag. Nur Sachen für die Schule dürfen dann natürlich nicht mehr drin sein. Mit Schulsachen muss auch mal Schluss sein.

# Viertes Kapitel

in dem ich über Freizeit was sagen muss. Und den Erwachsenen mal erklären möchte, warum Spielen so wichtig ist für Kinder. Wichtiger noch als Lernen.

Bevor wir in die Schule gekommen sind, haben ich und meine Freunde den ganzen Tag Freizeit gehabt. Und wir haben gespielt und gespielt und gespielt. Spielen war für uns das Schönste. Und natürlich auch Rumtoben und Unsinn machen. Damit ist jetzt leider Schluss.

Dabei ist Spielen doch so wichtig für Kinder. Das kann man in allen guten Ratgeberbüchern lesen. Und Ratgeberbücher, in denen das nicht drinsteht, kann man gleich vergessen.

Sogar der Schulpsychologe sagt das, obwohl der sonst immer ziemlich wirre Sachen sagt. Da werden sogar die Mütter oft wirr und müssen dann selbst hin zu ihm.

Wenn man in der Schule etwas nicht kann, kriegt man schlechte Noten und wird zu Hause auch noch geschimpft. Leider wird man für Sachen, die man gut kann, nie gelobt. Für schönes Spielen zum Beispiel. Weil es für Spielen keine Noten gibt.

Dabei wäre es so wichtig, für schönes Spielen gelobt zu werden, weil es die Phantasie anregt und man kreativ wird. Leider haben die meisten Kinder nicht gelernt, schön zu spielen, immer nur, gut zu lernen. Deswegen gibt es auch später so viele langweilige Erwachsene. Und so wenige mit Phantasie.

Die meisten Kinder können gar nicht genug kriegen vom Spielen. Die würden stundenlang spielen wollen, wenn sie nur dürften.

In einem von Mamas schlauen Ratgeberbüchern habe ich gelesen, dass Konzentration und Ausdauer gerade beim Spielen gelernt werden.

Da dürfen sich die Lehrer dann nicht wundern, wenn sich die Kinder in der Schule nicht konzentrieren können, wenn sie nie richtig spielen dürfen. Und auch nicht können, weil sie so viel aufhaben.

Und die Eltern dürfen sich auch nicht wundern. Die sollten die Kinder lieber mehr spielen lassen, statt ihnen dauernd Medizin fürs Konzentrieren zu geben. Aber auf die Kinder wird ja nicht gehört. Sie müssen ja immer alles besser wissen, die Erwachsenen.

Also, ich spiele immer noch gern, auch wenn ich bald zehn werde und kein Kind mehr bin. Am liebsten spiele ich mit meinem Bruder Niko Sachen nach, die bei uns so passieren: Verwandtenbesuch, Zahnarzt, Kindergeburtstag, Zirkus, Zeugnisverteilung und so was. Wir können uns immer so richtig hineinversetzen in unsere Spiele. Als würde alles wirklich passieren.

Ganz früher haben wir gerne Schule gespielt. Niko war der Schüler und ich die Lehrerin. Niko musste seine Hefte vorzeigen, und ich habe seine Hausaufgaben korrigiert und Noten an den Rand geschrieben. Das waren die besten Noten, die er je gekriegt hat. Aber dann durften wir Schule nicht mehr spielen, weil Nikos Lehrerin Mama angerufen hat und gesagt hat, dass es immer noch der Lehrer ist, der die Noten macht, und nicht die Kinder. Das hat uns aber nichts gemacht, weil wir sowieso nicht mehr Schule spielen wollten. Schule am Vormittag ist schon schlimm genug. Die muss man in der Freizeit nicht auch noch spielen.

Wir haben uns dann andere Spiele ausgedacht, zum Beispiel Zimmeraufräumen. Niko ist das Kind, und ich bin die Mutter. Gespielt wird in der ganzen Wohnung. Niko richtet sie so her, wie sie immer aussieht, wenn Mama rasch mal mit der Frau Knesebeck wegmuss und alles unter sich fallen lässt, was wir Kinder ja nicht dürfen. Dann komme ich als Mutter nach Hause und schimpfe über den Saustall. Und manchmal knallt es bei Niko auch.

Neulich ist Mama zu früh heimgekommen. Als sie die Wohnung gesehen hat, hat sie das Schimpfen dann selbst übernommen. Und zur Strafe sollten wir alles aufräumen, also ihr Chaos auch.

Da habe ich aber gesagt, dass wir noch Hausaufgaben machen müssen und dass sie selbst gesagt hat, dass Hausaufgaben immer vorgehen. Da konnte sie dann nichts dagegen sagen.

Einmal haben wir Tierpark gespielt, das war toll. Mama hat es nicht toll gefunden, dabei war alles so echt.

Weil es geregnet hat, mussten wir in der Wohnung spielen. Jedes Zimmer war ein Käfig, und der Balkon war das Freigehege. An die Türen der Zimmer haben wir Pappschilder mit den Namen von den Tieren gemacht: Tiger, Eisbär, Wolf und so. Natürlich haben wir keinen echten Tiger und keinen echten Eisbären gehabt. Da mussten wir dann andere Tiere dafür nehmen. Das muss man ja oft beim Spielen, sich was anderes einfallen lassen, wenn man das Echte nicht hat.

Die zwei Siamkatzen von Nikos Freundin Vanessa, die ziemlich gefährlich aussehen, waren Tiger. Eine Dogge aus der Nachbarschaft, die ganz weiß ist, war der Eisbär. Und unser Hund Arni ist ein Wolf gewesen. Und im gemischten Freigehege haben wir zwei Schildkröten, drei Mäuse und einen Papagei gehabt.

Alle Kinder aus der Nachbarschaft sind gekommen. Natürlich mussten sie Eintrittsgeld zahlen oder Futter mitbringen. Niko hat an der Kasse gesessen, und ich war die Tierwärterin.

Und wie wir gerade so im schönsten Spielen sind, kommt Mama heim, mitten während der Eisbärenfütterung. Gleich beim ersten Gehege ist sie ohnmächtig geworden, aber Tiere riechen nun mal.

Als Mama wieder bei sich war, haben sich alle Kinder artig von ihr verabschiedet und gesagt, dass sie das tolle Spiel bei sich zu Hause nachspielen wollen. Und dass sie gerne auch kommen kann und eingeladen ist. Und dass sie auch keinen Eintritt zahlen braucht, nur wenn sie will.

Leider hat Mama sofort die Mütter von den Kindern angerufen und sie vor Tierpark-Spielen in der Wohnung gewarnt.

So wird einem von den Erwachsenen alles kaputt gemacht.

Spielen im Freien ist natürlich am schönsten. Aber in der Stadt ist Draußenspielen gar nicht immer möglich. Da gibt es nicht genug Spielplätze oder Spielstraßen, weil Bauplätze und Autostraßen den Erwachsenen ja wichtiger sind als Kinderspielplätze. Also bleibt oft nur die Wohnung.

Leider können sich die Erwachsenen gar nicht vorstellen, dass manche Spiele richtig viel Platz brauchen. Da genügt die eigene Spielecke oder das eigene Zimmer oft nicht mehr.

Ich selbst habe damit ja keine Probleme, aber mein Bruder Niko, der hat echt Probleme damit. Der braucht zum Spielen richtig viel Platz. Da kann das Wohnzimmer dann schon mal zur Raumstation werden.

Bei Niko genügt ja oft schon eine kleine Anregung, und schon erfindet er ein neues Spiel.

Neulich haben wir im Fernsehen gesehen, wie auf der Autobahn ein Tankzug umgefallen ist und was Brennbares ausgelaufen ist. Das haben wir dann mit Nikos Autos und den Playmobilleuten nachgespielt. Im Fernsehen hat es nicht richtig gebrannt, weil die Feuerwehr gleich da war. Bei uns war die Feuerwehr nicht gleich da. Da hat die Katastrophe dann noch echter ausgesehen als im Fernsehen.

Papa, der gerade nach Hause gekommen ist, hat Decken über den Katastrophenort geworfen und die Fenster aufgemacht. Wegen dem Qualm ist die Feuerwehr dann doch gekommen. Der Ober-Feuerwehrmann hat zu Papa gesagt, dass er auch einen Jungen hat, der gerne Feuer macht, weil er so gerne löscht. Das hat den Papa aber nicht beruhigt.

Seit wir das mit dem Tankzug gespielt haben, steht vor Nikos Zimmer ein Feuerlöscher. Daraus sieht man, dass man aus allen Katastrophen lernen kann, auch beim Spielen.

Lernen aus Büchern ist gut. Aber lernen durch Ausprobieren ist noch viel besser. Das hinterlässt bei den Kindern meist starke Eindrücke. Bei den Erwachsenen auch.

Beim Abendessen hat Mama gemeint, dass es eigentlich ganz schön wäre, wenn die Feuerwehr erst dann wieder kommen würde, wenn uns einmal vor lauter Lernen die Köpfe qualmen. Bisher hat sie aber noch nicht kommen müssen.

Eigentlich braucht man zum Spielen nur zwei Dinge: Platz und Zeit. Und wenn man auch noch Phantasie hat, dann macht das Spielen echt Spaß.

Aber wann soll man schon spielen, wenn die Eltern dauernd was mit einem vorhaben? Dabei ist es doch unsere Freizeit und nicht ihre. Das muss ich hier schon mal ganz deutlich sagen.

In Mamas schlauen Ratgeberbüchern steht, dass die Freizeit zum Spielen da ist. Wo die Kinder machen können, was sie gerne tun möchten. Oder einfach nur Rumtoben mit den Freunden und Unsinn machen.

Stimmt! Aber wann, bitte, haben wir Freizeit?

Den Vormittag über haben wir Schule, am Nachmittag müssen wir Hausaufgaben machen. Und den Rest der Zeit haben die Eltern für uns total verplant. Mit Geige oder Flöte, Fußball oder Judo, Reiten oder Ballett. Nur weil Eltern davon träumen, dass ihr Kind einmal Balletttänzerin wird oder Fußballstar.

Ich bin in einem Rettungsschwimmerkurs, da kann ich wenigstens ertrinkende Kinder retten. Das ist wichtiger als auf Zehenspitzen tanzen können.

Liebe Eltern, gebt uns doch endlich mehr Freizeit! Wo wir machen dürfen, was wir wollen. Vor allem spielen. Oder einfach nur gar nichts. Das ist nämlich auch manchmal ganz schön.

Das kommt euch auch viel billiger als Flötenunterricht und Ballettstunden. Und ist für uns Kinder viel, viel schöner.

Und vielleicht werden wir dann ja auch in der Schule besser.

Und da habt Ihr doch auch was davon und die Lehrer natürlich auch.

# Fünftes Kapitel

in dem ich zum Thema Zimmeraufräumen und Chaos mal was
sagen möchte.

»Ja, wie sieht es denn hier wieder aus?«

Also, bei dem Satz sind meine Ohren total auf Durchzug gestellt.

So wie bei mir und Niko sieht es doch in allen Kinderzimmern aus, das ist völlig normal. Und bei unseren Eltern haben die Kinderzimmer früher genauso ausgesehen, nur wollen sie das nicht mehr wissen. Mama muss ziemlich chaotisch gewesen sein, wie mir Onkel Poldi berichtet hat.

Kinderzimmer sind nun mal keine Vorzeigezimmer. Wenn man *die* sehen will, kann man sich ja die Kataloge von den Möbelgeschäften angucken.

Nur bei meinem Bruder Alexander sieht es so aus wie bei denen in den Katalogen. Der hat nämlich gar nichts mehr, womit er Unordnung machen kann. Weil der nämlich ein Überflieger ist in der Schule. Und alle seine Spielsachen auf dem Flohmarkt verkauft hat, als er ins Gymnasium gekommen ist.

Also, so weit soll es bei mir nicht kommen!

Bei dem hat jedes Buch seinen Platz. Sogar jeder Bleistift. Der kann auch im Dunkeln noch sein Matheheft finden.

Aber wer sucht schon im Dunkeln sein Matheheft?

»Ein Glück, dass eure Zimmer Türen haben«, sagt Mama dann immer, »damit unsere Besucher nicht euer Chaos sehen müssen.«

Als ob sich Besucher für unsere Zimmer interessieren würden, also echt! Und dann knallt Mama auch noch mit der Tür, wenn sie das sagt, was wir Kinder ja nicht dürfen.

Bei Niko kann sie aber nicht mit der Tür knallen, weil die nämlich meist durch Spielsachen blockiert ist. Da kommt man dann nur durchs Fenster bei ihm rein.

Erwachsene können sich einfach nicht vorstellen, dass Kinder sich in unaufgeräumten Zimmern wohl fühlen können. Dass manche Kinder erst so richtig gute Spielideen entwickeln, wenn sie alle ihre Sachen um sich herum anhäufen können.

Mein Bruder Niko zum Beispiel, der kann gar nicht genug Spielsachen um sich haben. Den motivieren die Haufen erst so richtig. Und am liebsten sitzt er mittendrin.

Eigentlich macht Zimmeraufräumen überhaupt keinen Sinn. Denn wenn man schon weiß, dass es nach dem Spielen wieder unordentlich wird, braucht man mit Aufräumen doch gar nicht erst anfangen.

Aber mach das mal einer Mutter klar!

Statt das einzusehen und ganz entspannt über die Spielzeughaufen zu steigen, Terror ohne Ende. Als ob es nichts Wichtigeres geben würde als Zimmeraufräumen.

Und ich kann mir auch nicht vorstellen, dass bei unseren Vorfahren, den Höhlenmenschen, die Kinder ständig ihre Kinderhöhlen aufräumen mussten. Wo die beim Essen sogar die Knochen unter sich fallen lassen durften, was wir ja nicht dürfen.

Papa ist ja anfangs immer ganz gelassen geblieben, wenn Mama ihm vom Chaos in unseren Zimmern erzählt hat.

»Lass doch die Kinder«, hat er immer gesagt, »die werden schon noch ordentlich.«

Leider fängt er jetzt auch schon mit Schimpfen an, weil Mama ihn nämlich angesteckt hat. Und weil er manchmal über Spielzeug von uns stolpert oder was von seinen Sachen nicht findet.

Dabei bräuchte er nur bei Niko im Zimmer nachsehen. Bei dem kann man vieles finden, was man sucht. Der schleppt ja die Sachen aus dem ganzen Haus bei sich zusammen. Nur wiedererkennen kann man vieles davon nicht mehr. Er baut nämlich alles auseinander, um den Sachen auf den Grund zu gehen. Ein echter Erfinder eben!

Neulich habe ich in einem von Mamas schlauen Ratgeberbüchern wieder mal was sehr Interessantes gelesen. Dass der Zweitgeborene gerne anders sein will als der Erstgeborene.

Stimmt! So wie Alex will ich bestimmt nicht sein. Mama und Papa sollen ruhig wissen, dass ich anders bin. Aber ich glaube, das wissen sie inzwischen auch.

Wenn der Erstgeborene ein Ordnungsmonster ist, dann ist der Zweitgeborene eben ein Chaosmonster. Das ist meist so. Also kann ich auch gar nichts dafür, dass ich mit Ordnung nicht so viel am Hut habe. Hätten meine Eltern *mich* zuerst auf die Welt kommen lassen, dann hätte Alex jetzt das Chaosproblem und ich den Ordnungsfimmel.

Aber besser so als anders. Sonst würde ich am Ende noch im Dunkeln mein Matheheft suchen. Und es womöglich auch noch finden. Also, das muss wirklich nicht sein!

Überhaupt sind in dem neuen Ratgeberbuch von Mama viele interessante Sachen gestanden über die Chaotenkinder. Hat auch über zwanzig Euro gekostet.

Wer immer wieder Sachen vergisst, weil er so chaotisch ist, stand da drin, der ist später gut im Improvisieren. Das Wort musste ich erst in meinem Wörterbuch suchen, weil ich es nicht gekannt habe. Aber jetzt weiß ich, was es bedeutet, und das stimmt, was die sagen.

Also, das kann ich *jetzt* schon bei mir feststellen, dass ich gut im Improvisieren bin.

Wenn ich für die Schule was vergessen habe, mache ich mir keinen Stress daraus. Ich habe immer mehrere Entschuldigungen auf Lager. Hat auch immer prima geklappt, bis auf einmal, wo ich morgens zu spät gekommen bin. Da ist mir auf die Schnelle nicht gleich was Gutes eingefallen. Und da habe ich dann als Entschuldigung gesagt, dass ich die Schule nicht mehr gefunden habe. Die Klasse hat gebrüllt vor Lachen. Die Frau Herbst, meine Lehrerin, hat auch gebrüllt, aber nicht vor Lachen.

In dem Ratgeberbuch stand auch noch drin, dass, wenn ein Kind jeden Tag in die Schule rennen muss, damit es nicht zu spät kommt, dass es dann mit der Zeit starke Nerven kriegt. Das kann ich voll bestätigen. Für die Schule habe ich heute schon ziemlich gute Nerven. Meine Lehrerin, glaube ich, hätte selbst gerne solche. Starke Nerven kann man ja als Lehrer den ganzen Tag über brauchen.

Niko, unser Nesthäkchen, ist auch chaotisch, aber anders chaotisch, als ich chaotisch bin. Ich bin es mehr mit System, er ist es mehr mit Phantasie.

Wenn ich was suche, weiß ich genau, wo ich gar nicht erst anfangen brauche.

Wenn Niko von seinen Sachen was sucht, sucht er überall, weil er sich überall vorstellen kann, dass er es findet. Weil er eben so viel Phantasie hat. Und Phantasie ist für Erfinder wichtig. Deshalb versuche ich ja, Ordnung so lange wie möglich von Niko fernzuhalten.

Nicht nur die Erfinder waren Chaoten, die Nobelpreisträger auch. Einstein muss ganz schlimm gewesen sein. Der war so ein Chaot, dass er seine Entdeckung fast nicht entdeckt hätte.

Aber nicht nur für die Erfinder und die Nobelpreisträger ist Chaos wichtig.

Für alle Kinder ist es wichtig, so lange wie möglich chaotisch zu bleiben. Weil sie dann nämlich später, wenn sie groß sind und es im Leben erst so richtig chaotisch wird, mit dem Chaos der Erwachsenen besser zurechtkommen. So wie man eine Grippe besser übersteht, wenn man geimpft ist.

Und darüber sollten die Eltern echt mal nachdenken. Und ihre Kinder nicht ständig mit Aufräumen nerven. Und ihnen das Chaos auch noch abgewöhnen wollen.

Sonst geht es ihnen so wie bei der Grippe, wenn man nicht geimpft ist.

# Sechstes Kapitel

in dem ich mal sagen möchte, wie schön es für Kinder ist, kreativ sein zu dürfen. Und dass man ihnen das nicht verbieten darf. Im Gegenteil.

Neulich haben wir in der Schule eine Projektwoche gehabt. »Wir verschönern unsere Schule« war das Thema. Da ging es mal nicht um Mathe oder Lesen oder Schreibenkönnen, da ging es um Malen. Um Anmalen von nackten Wänden. Und wenn die nicht hinterher genauso doof aussehen sollen wie vorher, muss man sich schon kreativ was einfallen lassen.

Die Idee ist vom Elternbeirat gewesen und von unserem Kunstlehrer. Er hat extra für die Projektwoche einen Kreativkünstler eingeladen gehabt. Der hatte ziemlich lange Haare und lustige Augen und sah irre kreativ aus.

Kreativ sein, hat er uns erklärt, bedeutet so etwas wie sich Ungewöhnliches einfallen lassen oder Verrücktes erfinden. Und dass Kreativität sehr viel zu tun hat mit Phantasie und nicht so viel mit Intelligenz. Und er hat auch noch gesagt, dass es den Kindern in der Schule leider nicht leichtgemacht wird, kreativ zu sein, obwohl es so wichtig wäre.

Ich schätze mal, das ist so, weil wenn die Kinder anfangen, kreativ zu sein, das für die Lehrer dann ganz schön anstrengend sein kann.

Dann hat er uns noch erzählt, dass die Kreativität bei Kindern am größten ist und später immer weniger wird. Aber das wusste ich schon, weil ich keinen Erwachsenen kenne, der richtig kreativ ist. Außer meinem Papa und Onkel Poldi. Aber die sind ja auch beide Künstler, und Künstler müssen kreativ sein, sonst wären sie besser was anderes geworden.

Und irgendwann hat er auch noch erzählt, dass besonders kreative Menschen einen Musenkuss gekriegt haben, aber das habe ich nicht ganz verstanden. Kreativ bin ich ja nun wirklich, das weiß die ganze Klasse und Mama und Papa auch, aber geküsst bin ich noch nie worden. Ich wollte schon fragen, aber dann habe ich es doch nicht getan, weil sonst alle gedacht hätten, ich wüsste nicht, was ein Musenkuss ist.

Alle Klassen waren an der Projektwoche beteilgt. Jede Klasse hat ganz für sich allein gearbeitet, ohne Klassenlehrer. Nur unser Kunstlehrer und der Kreativkünstler sind überall herumgegangen, um Ratschläge zu geben und zu helfen. Jede Klasse hatte ein Kind zum Projektleiter gewählt. Bei uns bin das ich gewesen.

Die Arbeit mit dem Kreativkünstler hat total viel Spaß gemacht, weil er noch so ein richtiges Kind war. Wie mein Onkel Poldi. Bei der Arbeit konnte man mal sehen, wie kreativ Kinder sein können, wenn man sie nur lässt.

Jede Klasse durfte eine Wand aussuchen, die sie anmalen wollte. Ich habe gleich vorgeschlagen, die Wände unserer Klasse anzumalen, weil es doch viel schöner ist, Wände mit lustigen Bildern drauf anzugucken als kahle Wände. Und man braucht dann auch nicht immer nur zum Fenster raussehen, wenn es einem im Unterricht mal langweilig wird.

Leider hat unsere Rektorin angeschafft, welche Wände bemalt werden dürfen und welche nicht. Die, wo wir durften, waren alles solche in dunklen Ecken, wo niemand hinkommt, und auf dem Pausenhof waren es welche hinter Büschen. Also total uninteressant. Der Kreativkünstler hat das auch gefunden. Aber unser Kunstlehrer hat gesagt, dass das nicht zu ändern ist. Und dass die Rektorin gesagt hat, dass Bilder, die man immer sehen kann, die Kinder nur ablenken würden.

Ja, klar tun sie das, dafür sind sie ja auch da.

Da habe ich dann gesagt, dass wenn wir schon nicht die Klassenwände bemalen dürfen, dass wir dann die Klos bemalen wollen. Alle Kinder in der Klasse waren total erstaunt, dass ich das vorgeschlagen habe, aber auch ganz begeistert. Und der Kreativkünstler war es auch.

Er hat wissen wollen, warum gerade die Klos. Da habe ich ihm erklärt, dass in einer Schule neben den Klassenzimmern die Klos die wichtigsten Räume überhaupt sind. Und dass das Klo der einzige Ort ist, wo man sich mal zurückziehen kann, wenn einen der Unterricht stresst. Oder wo man sich mit einem Freund treffen kann, wenn man was Wichtiges zu besprechen hat.

Unser Kunstlehrer musste zwar die Frau Rektor und die anderen Lehrer fragen, ob wir dürfen, aber dann durften wir.

Wir haben die Bilder erst in der Klasse auf Folien gezeichnet und ganz am Schluss auf die Klowände übertragen. Es waren sehr witzige Bilder: Pferde- und Prinzessinnenmotive für die Mädchen, Fußballszenen für die Jungen.

Beim Ausdenken und Malen von den Bildern konnte man mal sehen, wer richtig kreativ ist und wer weniger. Berthold, der blöde Streber, war natürlich der totale Versager. Der hat ein Kind mit Brille beim Rechnen an der Tafel gemalt. Als ob man so was auf dem Klo sehen will, also echt!

Zum Schluss der Projektwoche haben wir dann am Samstag mit Hilfe von ein paar Eltern die Klos noch schön gestrichen: die von den Jungs blau, und die von den Mädchen pink. Sehr schön sah das aus.

Unser Projekt ist ein Riesenerfolg gewesen, aber nur bei den Kindern, bei den Lehrern nicht.

Denn schon am Montag sind viele Kinder, die vor dem Unterricht rasch noch mal aufs Klo mussten, reihenweise zu spät gekommen. Und im Lauf des Tages hat die Zahl der Kinder, die während des Unterrichts dringend mal mussten, dramatisch zugenommen. Als ob sie alle Blasenentzündung hätten. An den nächsten Tagen das Gleiche. Bei den Lehrern hat man schon an eine Epidemie geglaubt.

Aber es war keine Epidemie, es waren unsere schönen Bilder. Die Kinder konnten sich gar nicht sattsehen daran. Aber bis die Lehrer draufgekommen sind, warum, hat es eine ganze Woche gedauert.

Unsere Rektorin hat das Ganze gar nicht lustig gefunden. Wenn wir uns begegnet sind, hat sie mir böse Blicke zugeworfen. Vermutlich konnte sie sich schon denken, dass es meine Idee gewesen ist. Aber machen konnte sie nichts, weil sie es ja erlaubt hatte.

Es gab sogar eine Lehrerkonferenz wegen der Klos. Und am liebsten hätte die Frau Rektor die schönen Bilder weiß überpinseln lassen.

Aber dazu war es zu spät. Es ist nämlich schon ein Bericht mit Fotos von den Klos in der Zeitung gewesen. Darin hat gestanden, dass das mit der Kreativwoche eine tolle Idee von der Schule war. Und dass man da mal sehen könne, was Kinder sich einfallen lassen, wenn man nur ihre Kreativität weckt.

Stimmt!, habe ich gedacht. In den Köpfen von den Kindern sind oft die tollsten Ideen. Man muss den Kindern nur erlauben, sie herauszulassen. Leider wollen die Erwachsenen oft nicht, dass das passiert.

Aber vielleicht erlauben Sie ja das Ihren Kindern. Und wenn die dann bei Ihnen zu Hause mal anfangen sollten, die Wände zu bemalen oder die Wohnung umzugestalten, dann behalten Sie einfach nur einen kühlen Kopf, mischen sich nicht ein und lassen Sie sie einfach mal machen.

Und freuen sich darüber, dass Sie keine Dumpfbacken haben, sondern kreative Kinder.

# Siebtes Kapitel

in dem ich über Hausaufgaben nachdenke. Und wofür sie eigentlich da sind. Und wann man sie machen sollte.

»Was hast du auf?«

Also, wenn ich den Satz schon höre! Kaum kommt man aus der Schule, immer dieses: »Was hast du auf?« Und meist auch noch auf leeren Magen. Wo doch der Magen und der Kopf bei Schulkindern so empfindlich sind. Das Empfindlichste überhaupt.

Bei uns in der Klasse fehlen die meisten Kinder, wenn sie fehlen, wegen Kopfschmerzen oder Bauchweh. Am Anfang des Schuljahres geht es ja noch. Aber gegen Ende wird es zur Epidemie.

Oder wenn Mama nach dem Einkaufen nach Hause kommt, als Erstes dieses: »Hausaufgaben gemacht?« In einem Ton! Ein reines Wunder, dass ich noch keinen Hörschaden habe.

Aus anderen Familien höre ich das Gleiche. Da braucht sich niemand wundern, wenn die Motivation für Hausaufgaben bei einem Schulkind auf null sinkt.

Mit den Hausaufgaben selbst habe ich eigentlich keine Schwierigkeiten. Nur damit, sie zu machen. Und mit dem Merken, was wir aufhaben. Oft kann ich mich gar nicht erinnern, dass wir überhaupt etwas aufhaben. Das kommt daher, weil ich mich in der Schule immer voll auf den Unterricht konzentriere. Da fällt dann manches andere unter den Tisch.

Und das Hausaufgabenheft, in das wir alles reinschreiben müssen, was wir aufhaben, vergesse ich auch leicht in der Schule. Da nützt es dann natürlich gar nichts, dass ich alles brav aufgeschrieben habe. Anderen Kindern geht das auch so. Mama schimpft dann immer, weil ich so vergesslich bin. Aber *sie* muss gerade reden! Sie ist ja so was von vergesslich. Nicht richtig vergesslich, schusslig vergesslich.

Wenn ich nicht weiß, was wir aufhaben, greift Mama immer zum Telefon und ruft andere Mütter an. Und ist dann sauer, wenn bei denen niemand zu Hause ist.

Bei meiner Freundin Tessa arbeitet die Mutter in der Zähnepraxis von ihrem Mann. Und Tessa geht nur auf ein verabredetes Klingelzeichen ans Telefon.

Und bei meinem Freund Timo ist die Mutter meist nie daheim. Timo selbst weiß auch nicht, was wir aufhaben. Weil, wenn ich es nicht weiß, er es auch nicht weiß. Schließlich sind wir beste Freunde.

Neuerdings ruft Mama bei der Oma vom Berthold an, dem blöden Streber. Der macht sogar Hausaufgaben, die wir gar nicht aufhaben. Der hat aber auch viel mehr Zeit als andere Kinder, weil der nämlich nie spielt, nur lernt. Deswegen ist er auch so ein Langweiler und hat so eine schlechte Hautfarbe und Pickel. Sicher wird er einmal so ein Buchhalter, wie mein Onkel Herbert einer ist.

Also, warum Hausaufgaben überhaupt sein müssen, möchte ich gerne wissen. Und vor allem, warum so viele? Auf die Qualität kommt es an, sagt man doch immer, nicht auf die Menge. Deswegen mache ich auch nie alles, was wir aufhaben. Das aber ordentlich.

Meine Lehrerin sagt, dass die Hausaufgaben dazu da sind, dass wir zu Hause üben und vertiefen, was wir im Unterricht gelernt haben. Ja, aber wenn man es im Unterricht gar nicht gelernt hat? Oder gelernt, aber nicht verstanden hat?

Weil die Lehrerin einem nur gezeigt hat, es zu lernen, aber nicht, es auch zu verstehen? Wie kann man denn etwas üben und vertiefen, wenn man es gar nicht verstanden hat?

Das möchte ich hier schon mal fragen.

Ich persönlich bin ja mehr für freiwillig Hausaufgaben machen: Wer welche machen will, darf. Wer keine machen will, braucht nicht. Leider halten die Lehrer wenig davon.

Alex hat neulich beim Abendessen erzählt, dass seine Klasse an einer Umfrage über Hausaufgaben beteiligt war. Und dass die Untersuchung von Professoren einer Universität gemacht wurde. Und dass sie auch gefragt worden sind, ob sie bei zu vielen Hausaufgaben »total glücklich« oder »total unglücklich« sind.

Papa hat den Kopf geschüttelt, als würde er sich über die Frage wundern. Und Mama hat gemeint: »Was man die Kinder heutzutage alles für einen Unsinn fragt.«

»Und wisst ihr, was herausgekommen ist?«, hat Alex ganz gespannt gefragt, als ob das eine Überraschung wäre.

»Na, was wohl?«, habe ich gesagt. »Die meisten Kinder sind bei zu vielen Hausaufgaben total unglücklich, und die Streberkinder sind total glücklich.«

Alex hat »stimmt« gesagt und hat wissen wollen, wieso ich das gewusst habe. Und ich habe gesagt: »Dreimal darfst du raten.«

In der Schule am nächsten Tag habe ich meine Lehrerin, die Frau Herbst, gleich gefragt, ob sie lieber total glückliche oder total unglückliche Kinder in der Klasse haben will. Natürlich hat sie total glückliche gesagt.

Da habe ich ihr vorgeschlagen, dass sie uns in Zukunft weniger Hausaufgaben aufgeben soll, weil Professoren von der Universität herausgefunden haben, dass die meisten Kinder dann total glücklich sind.

Leider hat sie meinen Vorschlag gar nicht ernst genommen. Ja, sie hat sogar behauptet, dass bei einer anderen Umfrage herausgekommen ist, dass die Schüler in den unteren Jahrgangsstufen ihre Hausaufgaben noch sehr gerne machen.

Ich habe sie gefragt, wo diese Umfrage denn gemacht worden ist. Das hat sie aber nicht gewusst.

Da habe ich gesagt: »Wahrscheinlich bei den Eskimos.«

Und ich habe gedacht, dass Umfragen eigentlich total sinnlos sind, wenn man vorher schon weiß, was rauskommt. Und wenn sich hinterher nichts ändert.

Also, über Hausaufgaben groß nachdenken lohnt eigentlich nicht. Man kriegt sie eh auf und muss sie machen. Wie im richtigen Leben, da muss man als Kind auch alles machen, was die Erwachsenen wollen, dass man macht. Ob es Sinn macht oder nicht.

Am Anfang der Schule habe ich mich ja über Hausaufgaben noch wie ein Kind freuen können. Da habe ich noch gedacht, dass Hausaufgabenmachen so was wie Spielen für größere Kinder ist. Als ich dann aber gesehen habe, dass es das nicht ist, hat sich meine Freude rasch gelegt. Beim Timo und den meisten anderen Kindern auch. Und heute fällt es mir echt schwer, mich für Hausaufgaben zu motivieren.

Ich habe viel darüber nachgedacht, warum das so ist. Und jetzt weiß ich, woran es liegen könnte.

In einem von Mamas tollen Ratgeberbüchern habe ich nämlich gelesen, dass für gutes Lernen zu Hause eine angenehme Hausaufgabenatmosphäre ganz wichtig ist. Dass das Kind einen Schreibplatz braucht, an dem es sich wohl fühlt.

Das ist gerade bei mir nicht der Fall. Obwohl ich schon in der Dritten bin, haben wir immer noch keinen Tisch gefunden, an dem ich mich so

wohl fühle, dass er für längeres Hausaufgabenmachen geeignet wäre.

Mama ist jetzt mit mir bei Ikea gewesen, die
haben sehr schöne Sachen für Kinder. Zwei
Stunden haben wir gesucht, aber was Geeig-
netes gefunden haben wir leider nicht.

Damit der Ausflug nicht ganz umsonst war,
hat Mama für meine Spielsachen und die von
Niko vier Kisten mit Deckeln gekauft. Die sind
sehr praktisch, weil man da nur den Deckel zu-
machen muss, und schon sieht es im Zimmer
schön aufgeräumt aus.

So haben wir wenigstens das Problem mit
dem blöden Zimmeraufräumen gelöst. Da hätten wir echt auch früher draufkommen können.
Hätte uns eine Menge Stress erspart.

Aber vielleicht kommen diese praktischen
Kisten ja auch für Ihre Kinder in Frage, jetzt, wo
Sie von mir davon gehört haben. Dann können
auch Sie das Problem mit dem Zimmeraufräumen abhaken.

Einen Besuch bei Ikea kann ich übrigens
bestens empfehlen. Schon wegen der leckeren
schwedischen Vollkornkekse, die es dort gibt
und die nicht dick machen.

Aber nicht nur auf den geeigneten Schreibplatz kommt es beim Hausaufgabenmachen an,

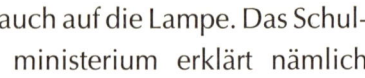

auch auf die Lampe. Das Schulministerium erklärt nämlich
im Internet, dass der Licht-
einfall für Rechtshänder
von links und für Links-
händer von rechts am
günstigsten ist.

Seit wir das wissen,
frage ich mich ständig,
ob ich nun Rechts-
händer oder Linkshänder
bin. Der Schulpsychologe
konnte es uns auch nicht sagen. So einen Fall
wie mich hat er noch nicht gehabt, hat er gesagt.
Deswegen arbeite ich jetzt mit zwei Lampen:
mit einer von rechts und mit einer von links. An
meinen Noten hat sich aber bisher noch nichts
geändert.

Mein Freund Timo denkt jetzt auch darüber
nach, ob seine schlechten Noten nicht davon
kommen, weil er immer mit rechts geschrieben
hat, obwohl er vielleicht Linkshänder ist. Jetzt
hat der Schulpsychologe schon zwei Fälle.

Ein weiteres Problem ist auch, *wann* die Hausaufgaben gemacht werden sollen.

Also, sicher nicht gleich nach der Schule. Da
muss man ja nach all dem Stress erst einmal wie-

der zu sich kommen. In allen Ratgeberbüchern steht, dass der Schulvormittag anstrengend ist, was ich voll bestätigen kann. Und dass die Kinder sich erst einmal ausruhen möchten oder spielen wollen. Richtig!

Aber um das zu kapieren, braucht man nun wirklich keine schlauen Ratgeberbücher zu lesen. Da braucht man sich als Eltern nur einmal die Kinder anzusehen. Wie die aussehen nach der Schule: blass und matt, wie verwelkte Blumen. Die müssen erst einmal wiederaufgebaut werden. Mit guten Worten allein ist es da nicht getan, was Gutes zu essen sollte es schon sein.

Wobei, ein paar gute Worte können auch nicht schaden. Mit denen wird man in der Schule nämlich nicht gerade verwöhnt. Aber das nur nebenbei.

Und deswegen ist es falsch, wenn nicht überhaupt gesundheitsschädlich, gleich nach der Schule mit Hausaufgaben anzufangen. Weil es nämlich sein kann, dass ein Kind dabei noch blasser wird und so müde, dass es danach beim Spielen einschläft.

Also, das kann es ja nun wirklich nicht sein.

Und noch etwas Interessantes habe ich gelesen: Dass es die Eltern ruhig selbst dem Kind überlassen sollen, wann es seine Hausaufgaben machen will. Und dass Fehler in den Hausaufgaben kein Drama sind.

Aber als sich meine Lehrerin neulich wieder einmal mit ihrem Rotstift in meinem Heft ausgetobt hat und ich ihr das mit den Hausaufgaben und dem Drama erzählt habe, hat sie gelacht und gefragt, wo ich denn diesen Quatsch herhabe.

Da habe ich gesagt, dass ich es in einem Ratgeberbuch gelesen habe und dass der Quatsch vom Schulministerium kommt. Da hat sie dann nichts mehr gesagt, meine Lehrerin.

Es sind also durchaus auch ganz vernünftige Sachen, die in den schlauen Ratgeberbüchern empfohlen werden. Leider werden diese Stellen von den Eltern gerne überlesen oder falsch verstanden.

Und die Lehrer kennen sie noch nicht einmal. Auf diesem Gebiet findet sich bei den Lehrern leider viel Unwissenheit.

Nicht bestätigen kann ich, dass es unangenehm ist, zu spielen, bevor man die Hausaufgaben gemacht hat. Im Gegenteil! Je schneller man spielen geht, umso schöner ist es. Denn umso schneller vergisst man die Schule. Und umso mehr freut man sich hinterher wieder aufs Lernen und Hausaufgabenmachen.

Bei manchen Kindern allerdings kann es mit der Freude hinterher ziemlich lange dauern, manchmal sogar bis zum nächsten Tag.

Ich persönlich finde es ja am besten, Hausaufgaben abends zu machen. Zusammen mit den Eltern beim Abendessen. Oder auch in gemütlicher Familienrunde danach.

Da können sie sich dann gleich einmal ein Bild davon machen, die Eltern, dass Schule kein Honiglecken ist. Und vielleicht sogar sehen, dass auch sie da und dort noch Lücken haben.

Und wenn sie ihre Lücken gemeinsam mit den Lücken von ihren Kindern schließen, dann haben vom Hausaufgabenmachen beide was gehabt, die Kinder und die Eltern.

Ende gut, alles gut.

# Achtes Kapitel

*in dem ich mal sagen muss, dass
Haustiere für Kinder ganz wichtig
sind. Und dass es von den Eltern
ganz falsch ist, kein Haustier zu
wollen, wenn sich Kinder so sehr eins
wünschen.*

Haustiere sind ganz wichtig für Kinder. Das weiß man. Und in dem Fachbuch *Mein Kind und das Haustier* sagen sie das auch.

Haustiere, steht da drin, sind so wichtig für Kinder, weil sie die besten Freunde von den Kindern sind. Besonders von solchen, die oft allein sind und einsam. Und weil man mit Tieren nicht nur spielen, sondern auch viel von ihnen lernen kann. Mehr als von den Lehrern. (Das stand nicht drin, das sage nur ich.)

Und weil wenn Kinder gut zu Tieren sind, die auch gut zu den Kindern sind. Dass man also zurückkriegt, was man ihnen gibt. Und dass man lernt, für sie zu sorgen. Weil sie darauf angewiesen sind, dass man für sie sorgt. So wie die Kinder darauf angewiesen sind, dass die Eltern für sie sorgen.

Also, dass Tiere für Kinder wichtig sind, kann man in allen Ratgeberbüchern nachlesen, sogar in denen, die nichts taugen.

Leider tun sich die meisten Kinder bei den Eltern schwer damit, ein eigenes Tier zu bekommen. Weil die Mütter Angst haben, dass sie dann noch mehr Arbeit haben und es überall in der Wohnung riecht. Und die Väter, dass Hundehaare im Auto auf die Sitze kommen oder Katzenkratzer auf den Lack, wo Katzen doch so gerne auf der warmen Kühlerhaube liegen.

Bei uns war das mit einem Haustier auch nicht so ganz einfach, obwohl die Haare auf den Autositzen Papa nichts ausgemacht hätten. Weil der hat nämlich gar kein eigenes Auto. Nur Mama hat eins, für Kinder und Einkaufen. Und das ist schon verkratzt, weil sie beim Absperren immer den Einkaufskorb aufs Dach stellt.

Nein, nicht Papa hat blockiert, Mama war es. Von einem Haustier hat sie einfach nichts wissen wollen. Dabei habe ich alle meine Argumente für ein Haustier aus ihren schlauen Ratgeberbüchern gehabt. Aber immer wusste sie was dagegen zu sagen. Mütter haben ja meist das letzte Wort.

Nur mal zwei Beispiele aus dieser ermüdenden Diskussion mit Mama:

Einmal habe ich gesagt, dass Kinder mit Tieren weniger unter Einsamkeit leiden und aktiver werden.

»Um Gottes willen, nicht *noch* aktiver!«, hat sie aufgeschrien. Und als sie sich wieder beruhigt hatte, hat sie gesagt: »Seit wann leidest du denn unter Einsamkeit?«

Ich habe nichts dazu gesagt, weil ich sprachlos war.

Und ein andermal habe ich ein noch stärkeres Argument gehabt. Dass nämlich Kinder, die mit einem Haustier aufwachsen, um einiges intelligenter sind als tierlose Kinder.

Und damit Mama es auch glaubt, habe ich dazu gesagt: »Das haben amerikanische Forscher in Amerika herausgefunden.«

»Haben die amerikanischen Forscher in Amerika zufällig auch herausgefunden«, hat Mama gefragt, »ob Intelligenz was nützt, wenn man faul ist? Und haben sie herausgefunden, ob faule

Kinder mit einem Haustier fleißiger werden? Ich habe davon bisher leider noch nichts gehört.«

Ich leider auch nicht. Aber das habe ich natürlich nur gedacht, nicht gesagt.

»Und überhaupt«, hat Mama gemeint, »wozu brauchen Niko und du ein Haustier?«

»Zum Spielen«, habe ich gesagt, »was dachtest du denn?«

»Zum Spielen habt ihr doch eure Spielsachen«, hat sie darauf gemeint. »Und meist nehmt ihr dafür ja auch noch unsere Sachen. Papas Bücher und meine Kochtöpfe und überhaupt alles in diesem Haus.«

Also echt! Ich war fassungslos, dass die eigene Mutter ihren eigenen Kindern so was vorwirft.

»Und Alex«, hat sie gesagt, »wünscht sich weder einen Hund noch eine Katze. Auch nicht ein Kaninchen. Der wünscht sich was Vernünftiges. Der wünscht sich Zierfische.«

Aber bevor ich noch was zu den blöden Zierfischen sagen konnte, hat Mama gesagt: »Die wären auch für Niko und dich das Richtige. In der Tierhandlung haben sie mir erklärt, dass das Schwimmen von Fischen im Wasser auf Kinder oft eine beruhigende Wirkung hat.«

Und dann hat sie mich angeguckt, mit so einem triumphierenden Mütterblick, und hat gesagt: »Also, wenn das stimmt, bin ich bereit, ein ganzes Ozeanbecken mit Fischen für euch anzuschaffen.«

Fische sind total langweilig, habe ich gedacht und überlegt, wie man statt zu Fischen zu einem Hund kommen kann. Denn klein beigeben wollte ich nicht.

Deswegen habe ich zu ihr gesagt: »Niko und ich wollen keine Fische. Wir wollen einen Hund. Und wenn Fische doch ins Haus kommen, wird Niko sie totfüttern.«

Ja, das habe ich gesagt. Da kenne ich nichts!

Mama hat die Hände über dem Kopf zusammengeschlagen und aufgestöhnt: »Was habe ich da bloß für Kinder großgezogen?!«

Dann hat Mama aber doch eingelenkt und war plötzlich mit einem Meerschweinchen einverstanden. Als sie aber von mir gehört hat, dass Meerschweinchen Gesellschaft brauchen und dass man deswegen immer zwei Tiere haben muss, wollte sie von den Meerschweinchen auch wieder nichts mehr wissen.

Immerhin hat sie Niko und mir ein Kleintier aus Bennis Tierhandlung erlaubt, ich vermute mal, damit es bei uns nicht zur totalen Krise kommt.

Und wir durften sogar allein hingehen und es

allein aussuchen. Das hat sie aus dem Ratgeberbuch *Wie erziehe ich mein Kind zu mehr
Selbständigkeit* gehabt.

Wahrscheinlich hat Mama
gedacht, dass wir mit einem
Hamster heimkommen, aber
das kam überhaupt nicht in
Frage. Hamster sind ja Nacht-
tiere, die tagsüber am liebsten schlafen und ihre Ruhe haben wollen. Und zum
Spielen kann man sie sowieso nicht brauchen.
Und eigentlich sind Kleintiere auch keine Haustiere.

Weil aber Niko und ich unbedingt einen Hund
wollten, es Hunde in Bennis Tierhandlung aber
gar nicht gibt, habe ich mich für eine Schlange
entschieden. Eine ganz harmlose, die aber ziemlich unharmlos ausgesehen hat.

Niko hat zwar geheult, weil er keine Schlange
wollte. Aber ich habe ihm gesagt, dass er gleich
sehen wird, wie schnell aus einer Schlange ein
Hund wird.

Die Schlange ist nur ein paar Stunden bei uns
geblieben, zu kurz, um sich richtig einzugewöh-
nen. Mama war danach nervlich am Ende und
hat gesagt: »Also gut, lieber einen Hund als eine
Schlange.«

Niko und ich sind dann auch gleich ins Tierheim, um uns einen netten Hund auszusuchen.

Unterwegs hat er zu mir gesagt: »Kiki, die Idee mit der Schlange war super. Aber war das nicht Erpressung?«

»Ja, schon«, habe ich ihm erklärt, »aber bei Kindern nennt man das noch nicht so.«

Nun ist Arni schon über ein Jahr bei uns. So heißt er nämlich, Arni. Er ist ein Jagdhund-Mischling und sehr speziell, findet Mama. Ich habe ihr erklärt, dass Mischlinge viel robuster sind als die hochgezüchteten Hunde. Und auch nicht dauernd krank werden. Und dass sie so einen interessanten Charakter haben und so eigenwillig sind.

Als ich das mit dem eigenwillig gesagt habe, hat sie gemeint, dass sie das auch findet. Und dass Arni deshalb sehr gut zu mir passt. Das fand ich nun wirklich mal nett, dass sie das gesagt hat. Mit anerkennenden Worten von ihr bin ich ja nicht verwöhnt.

Woher ich so viel über Hunde weiß, werde ich oft gefragt. Weil ich mich schon so lange mit ihnen beschäftige. Und aus Büchern. Ich habe mehr Bücher über Hunde als Schulbücher, aber holla!

Deswegen werde ich auch immer wieder von anderen Müttern um Rat gefragt, wenn sie einen Hund anschaffen wollen. Hund und Kind müssen nämlich zusammenpassen, das ist ganz wichtig. So wie Mann und Frau zusammenpassen müssen. Sonst werden sie bissig. Oder kriegen eine Depression.

Also, einen Hund als Haustier kann ich nur wärmstens empfehlen, besonders für Familien mit mehreren Kindern. Für Großfamilien braucht man aber meist zwei oder drei Hunde, weil es sonst nur Streitereien um die Hunde gibt.

Allerdings muss man wissen, dass Hunde durchaus Arbeit machen. Und auch durch Bellen auf sich aufmerksam machen, was störend sein kann, wenn man es nicht mag oder wenn ein Kind gerade Geige übt. Dann muss man auch noch wissen, dass man mindestens zweimal am Tag mit ihnen spazieren gehen muss, nicht unter einer Stunde. Auch bei Regen. Dass sie regelmäßig gefüttert und gebürstet werden müssen. Und dass sie viel Zuwendung brauchen und nicht gerne allein bleiben.

Wenn Mütter aber diese kleinen Mühen auf sich nehmen wollen, dann werden ihre Kinder an einem Hund sehr viel Freude haben.

Und wenn die Kinder Freude haben und glücklich sind, wirkt sich das auf die ganze Familie günstig aus.

Und was kann es Schöneres für Mütter geben als glückliche Kinder?

# Neuntes Kapitel

in dem ich fragen möchte, warum so oft von Problemkindern gesprochen wird. Und was das eigentlich ist, ein Problemkind.

Wenn die Kinder zu Hause nicht so spuren, wie die Eltern es gerne hätten, gibt es Zoff. Und wenn sie in der Schule nicht spuren, gibt es noch eine Strafarbeit dazu.

Nicht spuren, das habe ich inzwischen kapiert, ist alles, was die Erwachsenen an Kindern stört. Singen, Lachen, Streiten, Schreien, Hüpfen, Nicht-Aufräumen, Rumtoben, alles kann sie stören.

Leider weiß man als Kind immer nicht, was die Erwachsenen stört und was nicht. Und wann es sie stört und wann nicht. Das weiß man immer erst, wenn sie mit Schimpfen anfangen.

Aber dass noch viel öfter die Kinder von den Erwachsenen gestört werden, darüber wird nicht gesprochen. Und immer stören sie im schönsten Moment.

In der Früh, wenn man noch schlafen will. Oder wenn man draußen im schönsten Spielen ist und noch nicht heim möchte. Oder wenn man telefoniert und aufhören soll, obwohl man seiner besten Freundin noch so viel zu sagen hat. Und, und, und. Richtige Störenfriede können sie sein, die Erwachsenen.

Wenn man als Kind nicht spurt, heißt es gleich, man ist schwierig. Darüber wird zunächst nur in der Familie gesprochen. Leider gerne am Tisch beim Essen, wo einem dann auch gleich noch der Appetit vergeht.

Und wenn man immer wieder nicht spurt, fangen die Mütter an, mit anderen Müttern gute Ratschläge auszutauschen: »Meine Jasmin hat in dem Alter auch … blabla. Aber nicht so schlimm wie deine Kiki … blabla.«

Natürlich wird nur mit befreundeten Müttern geblablat, weil die nicht gleich alles rumtratschen. Haha! Als ob es Mütter geben würde, die nicht tratschen, aber echt!

Und wenn man dann immer und immer und immer wieder nicht spurt, ist man plötzlich ein Problemkind.

Da mischen sich dann auch noch die blöden

Verwandten ein, als ob die einen kennen würden: »Also, so wie Kiki sind Gabriele und Dagmar nie gewesen«, behauptet Tante Laura dann immer von ihren supergescheiten Zwillingen. Aber die sind auch von einem anderen Stern.

Und am Schluss weiß die Lehrerin natürlich auch noch was. Weil wenn man zu Hause nicht spurt, man in der Schule auch nicht spurt. Logo. Da muss dann die Mutter *ohne* einen zur Lehrerin. Und danach *mit* einem zum Schulpsychologen.

Warum die Kinder aber, mit denen die Eltern und die Lehrer Probleme haben, Problemkinder genannt werden, möchte ich gerne mal wissen. Wo die doch gar keine Probleme mit den Eltern und den Lehrern haben, sondern nur die Eltern und Lehrer welche mit den Kindern. Statt Problemkinder sollte man besser Problemeltern oder Problemlehrer sagen. Dann wüssten die Kinder wenigstens, wer mit den Problemen überhaupt gemeint ist.

Die sogenannten Problemkinder können für Eltern ein schweres Los sein, das weiß man. Ohne Kinder wäre es für die Eltern oft einfacher. Aber ohne Kinder ist das auch kein Leben für die Eltern. Dann schon besser Problemkinder als gar keine Kinder.

Aber dass auch Problemeltern und Problemlehrer für die Kinder eine schwere Belastung sind, davon wird nie gesprochen. Darauf möchte ich hier aber mal ganz deutlich hinweisen.

Neulich habe ich Mama mal gefragt, ob sie mich schwierig findet.

Da hat sie tief geseufzt und gesagt: »Also, leicht ist es mit dir nicht.«

Typisch Mütter, die können sich immer so fabelhaft ungenau ausdrücken.

Da habe ich dann zu ihr gesagt, sie soll *mich* doch mal fragen, ob ich *sie* schwierig finde. Das hat sie auch getan, aber nicht gern.

»Findest du mich schwierig?«, hat sie geflötet. Mit so einem Stimmchen, als wäre es ihr peinlich, das zu fragen.

»Auch nicht schwieriger als andere Mütter«, habe ich geantwortet.

Das war natürlich genau so eine Wischiwaschiantwort wie die von Mama. Aber absichtlich. Man muss ja als Kind schon frühzeitig lernen, sich wie die Erwachsenen auszudrücken.

Eigentlich kann man von den Erwachsenen viel Nützliches fürs Leben lernen. Die Erwachsenen von den Kindern aber auch. Nur tun sie es meist nicht.

Ein schwieriges Kind wird ja nicht schon schwierig geboren, es wird erst schwierig mit der Zeit. Das weiß ich von unserem Kinderarzt. Der hat mir erzählt, dass bei der Geburt nur die Länge des Babys und sein Gewicht aufgeschrieben wird. Und ob es rosig aussieht oder noch blau ist. Aber nie, ob es schwierig ist. Das Schwierigwerden ist also nicht angeboren.

Schwierig werden die Kinder erst nach und nach. Die einen früher, die anderen später. Wann sie schwierig werden und ob sie es überhaupt werden, hängt von den Nerven der Eltern ab, wie gut die sind. Bei Eltern mit sehr guten Nerven werden die Kinder erst sehr spät schwierig oder überhaupt nicht. Solche Eltern sind für Kinder ein großes Glück.

Es kommt aber auch vor, dass Kinder zu Hause überhaupt nicht schwierig sind und nur in der Schule. Die Kinder klagen den Eltern, dass sie in der Schule Probleme haben. Und die Lehrer beklagen sich bei den Eltern, dass ihre Kinder Probleme machen. Und wer kriegt recht? Dreimal dürfen Sie raten.

Meine Lehrerin, die Frau Herbst, sagt, dass mein bester Freund, der Timo, bereits ein echtes

Problemkind ist. Und dass auch ich bald so ein Problemkind wie der Timo sein werde, wenn es so weitergeht mit mir. Das weiß ich von Mama, weil Timos Mutter ihr erzählt hat, dass die Frau Herbst das gesagt hat.

Als Mama mir das erzählt hat, habe ich sie gefragt, ob Problemkinder ansteckend sind.

Mama hat »Aber nein, wie kommst du denn darauf?« gesagt.

Da habe ich zu ihr gesagt: »Na, was regst du dich dann auf?!«

Das hat Mama aber nicht beruhigt.

Die Frau Herbst hat Timos Mutter geraten, mit Timo zum Schulpsychologen zu gehen.

Timos Mutter wollte, dass auch Mama mit mir zum Schulpsychologen geht.

Mama wollte das aber nicht. »Jetzt noch nicht«, hat sie zu ihr gesagt. Ich glaube, das hat Mama gesagt, weil sie nämlich ganz stark an die heilenden Kräfte der Natur glaubt.

Timo ist dann mit seiner Mutter allein zum Schulpsychologen.

Danach hat Timo mir berichtet, dass der Schulpsychologe ziemlich wirre Fragen gestellt hat, die man gar nicht vernünftig beantworten konnte. Und weil der Timo gedacht hat, dass, wenn er auf die wirren Fragen auch noch wirre Antworten gibt, er am Ende selbst noch wirr wird, hat er lieber gar nichts gesagt.

Da soll der Schulpsychologe ein nachdenkliches Gesicht gemacht haben und zu Timos Mama gesagt haben, dass er Timo ziemlich auffällig findet.

Ich habe zum Timo gesagt, dass ich das total vernünftig finde, dass er auf die wirren Fragen nicht auch noch wirre Antworten gegeben hat. Besser ein auffälliges Kind bleiben, habe ich gesagt, als ein wirres Kind werden!

Überhaupt glaube ich, dass es keine schlechte Idee wäre, wenn die Eltern endlich damit aufhören würden, ständig mit Freunden, Verwandten und Lehrern über ihre nicht spurenden Kinder zu diskutieren. Und auch noch Psychologen und andere Schlauberger um Rat zu fragen. Weil das nämlich gar nichts bringt.

Und sich dafür selbst mal mit den Kindern zusammensetzen würden.

Und ihnen auch mal zuhören.

Und vielleicht auch mal mit ihnen sprechen würden.

Ja, das würde ich wirklich gut finden.

# Zehntes Kapitel

in dem ich mich ärgere, dass die
Erwachsenen den Kindern nicht
richtig zuhören können. Und ihnen
mal zeige, was dabei herauskommen kann, wenn man es nicht tut.

Die Erwachsenen können den Kindern einfach
nicht zuhören. Dabei ist es ganz wichtig, ihnen
zuzuhören, wenn sie einem was sagen wollen.
Weil die nämlich manchmal was ganz Wichtiges sagen wollen, auch wenn es gar nicht
so wichtig klingt. Genau umgekehrt wie bei den
Erwachsenen. Bei denen klingt immer alles
schrecklich wichtig, dabei ist es oft überhaupt
nicht wichtig.

Aber die Erwachsenen hören anderen Erwachsenen ja auch nicht richtig zu. Da braucht man
sich dann nicht wundern, wenn die Kinder das
Zuhören nicht lernen, wenn die Erwachsenen es
auch nicht können.

Dabei sollen die Erwachsenen doch für die Kinder ein Vorbild sein, sagt man. Aber vielleicht war das nur früher so und heute nicht mehr.

Wenn man einem nicht zuhört, sagt mein Papa immer, dann nimmt man ihn auch nicht ernst. Und Mama sagt das auch.

Und sie sagt das nicht nur einfach so, sie meint das auch. Und tut es auch. Im Zuhören ist Mama nämlich toll. Ich kenne niemanden, der so gut zuhören kann wie Mama. Schade nur, dass sie nicht in allem so toll ist wie im Zuhören. Sonst könnte ich sie noch lieber liebhaben. Aber vielleicht kann das niemand, in allem gut sein. Wahrscheinlich ist das übermenschlich.

Die Mutter von Nikos Freundin Vanessa kann nicht so gut zuhören, wie Mama das kann. Und die vom Timo kann das überhaupt nicht. Die tut nur so, als würde sie zuhören. Und macht noch andere Sachen dabei, weil sie auch immer andere Sachen im Kopf hat.

Eigentlich mag ich Timos Mama ganz gern. Über die könnte ich mich manchmal totlachen. Aber im Zuhören ist sie eine Katastrophe.

Wenn ich mit Mama was besprechen will, unterbricht Mama ihre Arbeit sofort. Na ja, meist weiß sie auch, dass, wenn *ich* was mit ihr besprechen will, ein größeres Problem auf sie zukommt. Da muss sie sich dann schon voll konzentrieren auf das, was kommt.

Aber Timos Mutter, echt! Als Timo ihr neulich was Wichtiges erzählen musste, hat sie doch tatsächlich mit Telefonieren angefangen. Ich dachte, ich glaub es nicht.

»Red nur weiter«, hat sie gesagt und weitertelefoniert, »ich hör dir schon zu.«

Als sie dann nicht mehr telefoniert hat, habe ich zu ihr gesagt: »Aber Sie haben dem Timo ja gar nicht richtig zugehört. Der wollte Ihnen doch was Wichtiges sagen.« Ich war ziemlich empört.

Da hat sie gelacht und gesagt: »Nun hör mir mal zu, mein Kind. Erstens habe ich zwei Ohren. Und zweitens weiß eine Mutter schon immer im Voraus, was ihr Kind ihr sagen will.«

Wie kann man denn einem Kind vernünftig zuhören, wenn man gleichzeitig telefoniert?, habe ich gedacht, aber nichts gesagt.

Mama macht das manchmal schon auch, etwas tun, während ich ihr was erzähle. Manchmal räumt sie den Geschirrspüler aus und hört mir gleichzeitig zu. Aber lieber lässt sie die Teller fallen, als dass sie nicht mitkriegt, was ich ihr sagen will.

Das hat natürlich auch Nachteile für mich. Ich kann nie wie andere Kinder sagen: »Das hab ich dir doch erzählt, du hast mir nur nicht richtig zugehört.«

Aber bei Timos Mama kann man das, zu der kann man das sagen. Und da ist mir dann auch gleich eine Idee gekommen, wie man das ausnützen kann.

Der Timo hat nämlich dringend einen Hund gewollt, weil er doch keine Geschwister hat. Natürlich ist seine Mutter dagegen gewesen. »Ein neues Fahrrad meinetwegen«, hat sie gesagt, »aber keinen Hund.«

Als ob ein Fahrrad ein Ersatz für einen Hund ist, aber echt!

Aber ich kenne das ja, das Problem mit den Müttern und den Hunden. Deswegen weiß ich auch, was man machen muss, um zu einem Hund zu kommen. Leider konnte ich die Nummer mit der Schlange nicht noch mal bringen. Die hatte Mama schon allen anderen Müttern erzählt.

Als ich dann neulich beim Timo war und seine Mama wieder mal stundenlang am Telefonieren war, wusste ich, dass das die Gelegenheit war. Ich bin hin zu ihr und habe gesagt, dass der Timo und ich dringend was ganz Wichtiges mit ihr besprechen müssen. Sie war gleich ziemlich genervt, aber aufgehört hat sie nicht.

»Red nur«, hat sie zu mir gesagt, »ich hör dir schon zu.«

Ich habe so lange an sie hingequasselt, bis sie mit Telefonieren fertig war. Und dann musste sie rasch weg.

Ich habe sie noch gefragt, ob sie denn auch erlaubt, was ich gefragt habe, und da hat sie gesagt: »Wenn ich es nicht erlauben würde, hätte ich schon was gesagt.«

Und dann ist sie abgerauscht.

Timo wollte gleich wissen, was sie erlaubt hat.

Und ich habe gesagt: »Na, was schon? Deinen Hund.«

Timo ist vor Freude völlig neben sich gestanden.

Und dann sind wir auch gleich ins Tierheim, um einen zu holen.

Timos Eltern haben am Abend nicht schlecht gestaunt, als wir mit dem Hund in der Küche auf sie gewartet haben.

Und der Hund war nicht der kleinste, aber holla! Der sah so aus, als würde er es gar nicht gerne haben, wenn man zu ihm nicht nett ist. Und ihn womöglich wieder wegschickt.

Timo hat seine Mama

gleich umarmt und geküsst und sie gar nicht erst groß zu Wort kommen lassen.

Und ich habe dem Vater erklärt, dass ich es echt klasse finde, dass Timos Mama so rasch mit dem Hund einverstanden gewesen ist. Und habe ihm auch noch kurz erklärt, was ein Hund so alles an Pflege und Nahrung braucht und an Auslauf täglich.

Und auf dem Heimweg habe ich gedacht: Das hat sie nun davon. Wenigstens weiß sie jetzt, was dabei herauskommen kann, wenn Erwachsene einem Kind nicht richtig zuhören.

# Elftes Kapitel

in dem ich zu Noten und Zeugnissen
mal was sagen muss.

In der Ersten lernen die Kinder ja hauptsächlich noch für die Lehrerin oder den Lehrer, das ist bekannt. In der Zweiten geht es dann schon mit den Noten los. Und ab der Dritten, habe ich gelesen, lernen sie nur noch für die Noten.

Die Lehrer sagen ja immer, dass wir nicht für die Noten lernen, sondern für uns. Damit aus uns einmal etwas wird. Aber alles muss man den Lehrern auch nicht glauben. Und überhaupt, wenn man noch gar nicht weiß, was man will, dass aus einem werden soll, wie kann man dann dafür lernen wollen?

Ich glaube ja schon lange, dass die Noten hauptsächlich für die Eltern und die Lehrer gemacht sind. Deswegen lerne ich auch so ungern. Für mich bräuchte es Noten überhaupt nicht geben.

Es gibt aber auch Kinder, die brauchen die Noten. Aber nur, um sich mit anderen Kindern vergleichen zu können und damit anzugeben: »Du hast nur eine Zwei, aber ich habe eine Eins, ätsch!« Also, auf so einen idiotischen Wettbewerb habe ich mich noch nie eingelassen. Ich denke da in ganz anderen Kategorien.

Manchmal denke ich ja, dass die Noten den Eltern und den Lehrern wichtiger sind als die Kinder. Kinder würden sich doch nie freiwillig für gute Noten abrackern. Etwa, weil Noten so was Tolles sind? So ein Quatsch!

Die Kinder rackern sich für die Lehrer ab. Um ihnen zu zeigen, was sie schon alles bei ihnen gelernt haben. Darüber freuen sich dann die Lehrer. Und wenn die Lehrer sich freuen, kriegen die Kinder gute Noten. Und wenn die Kinder gute Noten kriegen, können sie die daheim vorzeigen und werden von den Eltern gelobt dafür. Und mit vielen guten Noten im Zeugnis können die Eltern dann vor den Verwandten und Bekannten angeben, am liebsten vor der ganzen Welt.

Und wenn viele Kinder in der Klasse gute Noten haben, kann auch noch der Lehrer damit angeben. Weil der nämlich mit einem guten Notendurchschnitt ganz groß rauskommt. Als ob *er* die guten Noten geschafft hätte, die haben doch die Kinder geschafft.

Wenn aber die Klasse keinen guten Notendurchschnitt hat, ist nicht etwa der Lehrer schuld, nein, der doch nicht! Die Klasse ist schuld. Weil die nämlich leider eine Problemklasse ist.

In einem von Mamas schlauen Erziehungsratgebern habe ich neulich wieder mal was ganz Interessantes gelesen. Da stand nämlich drin, dass schlechte Noten nichts darüber sagen, worin ein Kind gut ist und worin nicht so gut. Worin es stark ist und worin schwach.

Und auch stand da drin, dass, wenn das Kind mal eine Sechs nach Hause bringt, deswegen die Welt nicht untergeht. Stimmt total, sonst hätte sie bei mir schon öfter untergehen müssen.

Und dann stand noch etwas Megainteressantes drin: Dass es nämlich genügend Beispiele von berühmten Leuten gibt, die in der Schule ziemlich schlechte Noten hatten. Wie schlecht, stand nicht drin, aber ich glaube, ziemlich. Und wer die berühmten Leute waren, stand leider auch nicht drin.

Das kann doch kein Geheimnis sein, habe ich gedacht und bin gleich mal zu meinem Bruder Alexander, um ihn zu fragen. Schließlich ist der auf dem Gymnasium und muss so etwas wissen.

Leider konnte er mir nur berühmte Leute mit guten Noten nennen, weil von seinen Vorbildern keines schlechte Noten hatte. Aber er hat wenigstens im Internet für mich nachgeguckt, wer mit den schlechten Noten gemeint sein könnte.

Drei waren dabei, die waren berühmte Künstler, und die habe ich alle gekannt.

Der eine war der Richard Wagner. Das war der Hauskomponist vom Märchenkönig Ludwig, und der hat viele Opern geschrieben. Den *Fliegenden Holländer* habe ich selbst einmal gesehen.

Ein anderer war der Wilhelm Busch, den kennt ja jedes Kind von *Max und Moritz* her. Als ich noch klein war, hat mir Mama oft Geschichten daraus vorgelesen.

Und der Dritte war der Ludwig Thoma, der die *Lausbubengeschichten* geschrieben hat. Die habe ich Niko schon ein paarmal vorgelesen. Die trösten ihn immer, wenn er mit seiner Lehrerin Stress hat.

Aber da gab es dann noch einen. Einen ziemlich dicken Engländer, den habe ich nicht gekannt. Alex hat mir erzählt, dass er Politiker ist, aber schon tot. Und dass er auch berühmte Bücher geschrieben hat. Und dass er gesagt hat, dass Sport Mord ist, und dass er den Nobelpreis gekriegt hat. Nicht dafür, natürlich, für die berühmten Bücher. Er heißt Churchill. Wie man ihn genau ausspricht, weiß ich nicht. Alex meint Tschörtschill. Er ist so oft sitzengeblieben, dass er es fast nicht mehr geschafft hätte, berühmt zu werden. Da hat es das Schicksal aber echt gut mit ihm gemeint!

Immer wenn es Zeugnisse gibt, denke ich: Wie schön war doch mein erstes. Da standen noch keine Noten drin, nur so allgemeine Bemerkungen über einen.

»Kiki hat keine Mühe beim Schreiben«, stand bei mir einmal drin, »es fällt ihr nur schwer, die Linien einzuhalten.«

Und ein anderes Mal stand drin: »Kiki sieht während des Unterrichts viel aus dem Fenster. Hier wird sie noch an sich arbeiten müssen.«

Ich habe meine Lehrerin gefragt, was sie mit dem An-sich-Arbeiten meint. Ob sie meint, dass ich ruhig noch mehr aus dem Fenster schauen soll, weil das so beruhigend ist und ich dann den Unterricht nicht mehr so oft störe.

»Deine Eltern werden es schon verstehen«, hat sie gesagt. Mehr nicht.

Ziemlich merkwürdig fand ich die Antwort. Schließlich gucke *ich* doch zum Fenster raus und nicht meine Eltern.

Aber ich sage ja: Die Noten und die Zeugnisse sind den Lehrern wichtiger als die Kinder.

Ja, an mein erstes Zeugnis denke ich gerne zurück. Manchmal mit Wehmut. Mama, glaube ich, mit noch mehr Wehmut. Es war nämlich das beste Zeugnis, was ich je gekriegt habe. Als dann die Noten dazugekommen sind, ist es mit meinen Zeugnissen bergab gegangen. Nicht dramatisch, aber ständig. Aber ich beklage mich über meine Zeugnisse nicht. Ich bin bescheiden geblieben.

Mama und Papa beklagen sich schon. Und Tante Laura und Onkel Herbert mit ihren Supertöchtern kann man meine Zeugnisse auch nicht zeigen.

Neulich habe ich zu Mama und Papa gesagt, dass der Churchill mein großes Vorbild ist.

Mama hat mich mit großen Augen angesehen und gesagt: »Der?«

Und Papa hat gesagt: »Wieso denn gerade der?«

»Weil man dem seine Noten nirgends vorzeigen konnte«, habe ich gesagt. »Das hat ihm aber nichts ausgemacht, weil er schon gewusst hat, dass er einmal sehr berühmt wird. Berühmter als alle seine Lehrer zusammen.«

Und dann habe ich Mama und Papa erklärt, dass sich manche Kinder erst mit der Zeit so richtig toll entwickeln.

Und dass die Eltern das nicht vergessen sollen.

Und dass sie ihren Kindern ruhig etwas Zeit lassen sollten, damit sie sich entwickeln können, damit auch aus ihnen mal was wird.

Ja, das habe ich gesagt.

Und meiner Lehrerin werde ich es auch noch sagen.

Und überhaupt allen Eltern und Lehrern.

Weil ich daran nämlich ganz stark glaube.

# Zwölftes Kapitel

in dem ich die Eltern mal fragen
möchte, wie man als Kind mit Geld
umgehen lernen soll, wenn man nie
eins hat.

Ich weiß auch nicht, warum, aber mit Taschengeld auskommen tue ich nie. Anderen Kindern geht es genauso. Eine einzige Katastrophe ist das bei mir!

Nur mein Bruder Alexander kommt immer damit aus, aber der geht auch aufs Gymnasium. Na ja, für irgendetwas muss es ja gut sein, dass man aufs Gymnasium geht.

Die Kinder von sehr reichen Eltern und die von Ölscheichs kommen natürlich immer mit ihrem Taschengeld aus, weil bei denen nämlich das Geld so sprudelt wie das Öl. Aber von welchem Kind bei uns ist der Vater schon Ölscheich?

Mein erstes Taschengeld habe ich gekriegt, als ich in die Schule gekommen bin. Einen Euro pro

Woche. Immer Montag früh. Wahrscheinlich, damit ich wenigstens *etwas* habe, worauf ich mich am Anfang einer neuen Schulwoche freuen kann.

»Vom Taschengeld kannst du dir kaufen, was du möchtest«, hat Mama verkündet, als sie mir den ersten Euro gegeben hat.

»Toll«, habe ich gedacht, »endlich eigenes Geld. Endlich kann ich mir kaufen, was ich will!«

Denkste! Für den neuen CD-Spieler, den ich gewollt habe, hätte ich ein ganzes Jahr sparen müssen. Und dann hätte ich ihn mir wahrscheinlich auch nicht kaufen dürfen, weil Mama gesagt hätte, dass es der alte auch noch tut.

Außerdem stimmt es gar nicht, dass man sich kaufen darf, was man will. Sondern nur, was die Eltern für nützlich halten. Leider ist das, was Mama für nützlich hält, selten das, was ich gerne hätte.

Ich habe mich dann für einen kleineren Wunsch entschieden. Da der eine Euro aber auch für den nicht gereicht hat, habe ich mir Vorschuss geben lassen. Leider hat mir Mama den in den nächsten Wochen wieder abgezogen. Da war es mit der Montagsfreude dann dahin.

Etwas kaufen auf Vorschuss ist also auch nicht

das Wahre. Wenigstens bei Kindern nicht. Erwachsene kommen mit Schulden ja besser klar. Die üben aber auch schon länger.

Als ich neulich wieder einmal mit meinem Taschengeld nicht ausgekommen bin, aber dringend was brauchte, musste ich mir bei Mama wieder was pumpen.

Da hat Mama mich mit so einem erzieherischen Mütterblick angeschaut und gesagt, dass man mit den eigenen Wünschen nur umgehen lernt, wenn man auch mit seinem Geld umgehen lernt.

»Aber mit Geld umgehen kann man doch nur lernen«, habe ich zu ihr gesagt, »wenn man auch eins hat.«

Woher ich diese Weisheit denn habe, wollte sie wissen und hat gelacht.

Da bin ich richtig wütend geworden und habe gesagt: »Aus einem deiner schlauen Ratgeberbücher, wenn du es genau wissen willst.«

Das war natürlich megablöd, dass ich das gesagt habe, weil Mama nun gewusst hat, dass ich immer in ihren Ratgeberbüchern lese.

Volle drei Tage habe ich gebraucht, um das neue Versteck zu finden. Aber gefunden habe ich es. Vor mir kann man so leicht nichts verstecken, aber holla!

Ich habe dann weiter in dem Buch mit dem Taschengeldkapitel gelesen und bin auf die Seite gestoßen, wo erklärt wurde, *wie viel* Taschengeld ein Kind bekommen soll.

»Natürlich darf es zunächst nicht allzu viel sein«, hat es dort geheißen. Mama hat *nicht allzu viel* unterstrichen gehabt.

Also, den Satz scheint sie irgendwie überhaupt nicht verstanden zu haben. Es muss doch nicht *nicht allzu viel* unterstrichen sein, sondern *zunächst*: *zunächst* nicht allzu viel. Logisch, dass es sich danach steigern muss, sonst lernt man ja nur den Umgang mit den Münzen und nicht den mit den Scheinen.

Und als ich neulich mal wieder mit dem Taschengeld nicht klargekommen bin, bin ich auf die Barrikaden gegangen, aber richtig.

Beim Abendessen, als es gerade so richtig friedlich bei uns zugegangen ist, habe ich das Thema Taschengeld zur Sprache gebracht. Ich bin ganz schön zur Sache gegangen.

Ich habe Mama gefragt, ob es denn unbedingt sein muss, dass sie sich teure Parfüms kauft. Nur um für Papa schön zu duften. Den hat sie doch schon, an den braucht sie doch nicht mehr hinzumachen. Und dass sie sich teure Küchengeräte kauft, wo doch die Frauen früher auch ohne die ausgekommen sind. Und ob sie überhaupt ein Handy braucht, weil die Handys ziemlich ins Geld laufen, wie man weiß. Und dass sie uns Kindern mehr Taschengeld geben könnte, wenn sie nur endlich lernen würde, mit ihren Wünschen besser umzugehen.

Genau das habe ich gesagt. Ja, ich kann manchmal sehr direkt sein.

Mama hat nach Luft geschnappt, als ich das gesagt habe. Aber Papa war auch ganz schön erstaunt.

Gut, dass meine Brüder zu mir gehalten haben. Alex zwar nur halbherzig, Niko dafür aber voll. Der ist ja auch ständig pleite.

Papa hat leider überhaupt nicht zu mir gehalten und voll Mama unterstützt. Sogar geschimpft hat er mit mir, weil ich das zu Mama gesagt habe. Das hat mich sehr traurig gemacht.

Als er mit Schimpfen fertig war, hat er gesagt: »Kiki, du musst endlich lernen, dein Geld gut zu verwalten.«

Darauf habe ich gesagt: »Wo nichts ist, kann man auch nichts verwalten.«

Da bin ich dann noch mal geschimpft worden, weil ich eine freche Antwort gegeben habe, und musste für den Rest des Abends auf mein Zimmer. Damit ich über alles nachdenken kann.

Und ich habe nachgedacht, das können Sie aber glauben! Und dabei ist mir dann auch gleich wieder eine meiner tollen Kreativideen gekommen.

Sofort am nächsten Tag bin ich zu Papa, um mit ihm darüber zu reden.

Zuerst habe ich ein bisschen geweint und gesagt, wie leid es mir tut wegen gestern. Und dass ich gründlich über alles nachgedacht habe, was er gesagt hat, so wie er es gewollt hat.

Da ist er dann gerührt gewesen und auch wieder nett zu mir, so nett wie immer. Und sogar gelacht hat er und mir einen Kuss gegeben.

Und dann habe ich ihm von meiner Idee erzählt.

Und staune, staune! Er fand sie gar nicht mal so schlecht, meine Idee. Sogar ziemlich gut. Schade nur, dass sie für mich zu spät kommt. Und von Nachzahlung wollte Mama nichts wissen. Klar, hätte ich mir auch denken können.

Und das ist meine Idee, die ich allen Eltern voll empfehlen kann:

Die Kinder kriegen nicht erst am ersten Schultag ihr erstes Taschengeld, sondern schon bei ihrer Geburt. Fünfzig Cent. Und von da an jede Woche. Natürlich nicht ausgezahlt, sondern ins Sparschwein.

Wenn sie dann in die Schule kommen, kriegen sie nicht nur ihren ersten Euro Taschengeld auf die Hand, sondern finden auch noch ein vollgefülltes Sparschwein in ihrer Schultüte. Mit so etwa einhundertfünfzig Euro drin.

Und mit denen können sie dann auch wirklich lernen, Geld richtig zu verwalten.

# Dreizehntes Kapitel

in dem ich sage, was sich Kinder
unter Ferien und Urlaubsreisen vorstellen. Nämlich nicht das Gleiche
wie die Eltern.

Die Ferien sind doch eigentlich dazu da, dass
sich die Kinder von der Schule erholen können,
denk ich mal. Das haben sie ja auch mehr als
nötig, die Kinder.

Aber kaum ist der Stress mit der Schule vorbei,
beginnt auch schon der Stress mit den Ferien.
Weil die Eltern sich nämlich unter Urlaub immer
was anderes vorstellen als die Kinder. Und jeder
von der Familie natürlich woandershin will.

Da können Ferien echt anstrengend sein, noch
bevor sie losgehen. Und am Schluss hat niemand
was davon. Die Kinder nicht und die Eltern auch
nicht.

Mama will am liebsten auf eine Schönheits-
farm. Weil sie nicht mehr die Jüngste ist, sagt sie.

Das sagt sie aber nur, wenn Papa dabei ist. Damit er ihr widerspricht. Und ihr sagt, wie jung sie noch aussieht.

Das tut sie auch, schließlich hat sie drei reizende Kinder. Und Kinder halten Mütter lange jung und frisch, das ist bekannt.

Papa will im Urlaub immer was Neues ansehen und dazulernen. Dabei kann der doch schon so viel. Sich weiterbilden, sagt er, damit es geistig nicht zum Stillstand kommt bei ihm.

Und Alex, unser super Erstgeborener, will natürlich das Gleiche wie Papa. Klar, damit Papa ihn toll findet. Dabei muss es bei Alex geistig doch erst einmal anlaufen.

Was Niko und ich wollen, gefällt leider keinem: immer an den gleichen Ort fahren. Dabei ist das so schön. Immer ans Meer und immer am gleichen Strand baden. Oder immer in die Berge und immer auf die gleiche Hütte. Da kennt man dann schon alles vom letzten Mal und muss sich nicht immer erst neu eingewöhnen. Und manchmal trifft man auch die gleichen Kinder wieder. Aber die Erwachsenen finden das langweilig, immer an den gleichen Ort.

Wenn es nach mir ginge, müssten wir überhaupt nicht jedes Mal groß wo hinfahren. Zu Hause bleiben ohne Schule kann nämlich auch ganz schön sein. Andere Kinder finden das auch. Nur die Eltern finden das nicht, die müssen unbedingt verreisen, möglichst weit weg. In die Dom-Rep und so.

Und weil das leider in allen Familien das Gleiche ist und die meisten verreisen, bleiben auch kaum Kinder daheim. Und Ferien ohne die Freunde sind echt doof. Dann schon lieber mit den Eltern wegfahren.

Was wir aber gar nicht gerne wollen, ist weit wo hinfahren und stundenlang im Zug hocken oder im Auto. Weil das nämlich der Megastress ist.

Man muss sich ja nur mal die armen Kinder anschauen in den Autos. Wenn sie in glühender Hitze auf der Autobahn im Stau stehen. Mit traurigen Gesichtern hängen sie hinten drin in ihren Kindersitzen. Oft halbverdurstet. Manche wahrscheinlich schon bewusstlos. Da nützt es dann gar nichts, dass die Sitze vom ADAC geprüft worden sind.

Oder auf den Bahnhöfen, eingepfercht zwischen Koffern und Erwachsenen. Sogar Babys werden mitgeschleppt. Dass die in ihren Maxi-Cosis nicht alle im Gewühl verlorengehen, ist ein reines Wunder.

Leider gibt es niemanden, der gegen unvernünftige Eltern was sagt. Wenn die alle fürs Unvernünftig-Sein Strafzettel bekommen würden, könnte man von dem Geld viele neue Kinderspielplätze bauen.

Nun haben Niko und ich uns aber endlich auch einmal beim Urlaub durchgesetzt. Ich habe Mama und Papa so oft von Ferien auf einem Bauernhof vorgeschwärmt, bis beide nervlich am Ende waren und nachgegeben haben.

Mama habe ich erklärt, dass sie sich dort prima erholen kann, weil sie nicht dauernd auf uns aufpassen muss. Weil wir da nicht, wie am Meer, von der Flut auf Nimmerwiedersehen hinausgetrieben werden können aufs hohe Meer. Und nicht, wie in den Bergen, Hunderte von Metern über Felswände abstürzen können. Und dass es jeden Morgen Eier von Ökohühnern gibt. Und dass sie auch Packungen mit Buttermilch im Gesicht machen kann, während wir im Gelände sind.

Und Papa habe ich versprochen, dass er auch auf einem Bauernhof Neues lernen kann. Dass es dort überhaupt nicht geistig zum Stillstand kommen muss bei ihm. Und ich habe ihn gefragt, ob er schon einmal eine Kuh gemolken hat? Oder beim Kalben zugeschaut oder einer Ökohenne den Kopf abgehackt hat?

Mama hat mich kopfschüttelnd angeschaut. Aber Papa hat gelacht und zugegeben, dass er so was noch nie gemacht hat.

Ich hatte noch viele andere Argumente in Reserve, für Mama vor allem ökologische, aber die brauchte es gar nicht mehr. Was ich gesagt habe, genügte schon. Und so konnten auch wir endlich einmal Ferien auf einem Bauernhof machen.

Allein mit uns Kindern wollte Mama aber nicht dorthin. Deshalb hat sie mit den Eltern von Nikos Freundin, der Vanessa, gesprochen, und die sind dann mitgekommen.

Hat uns aber nicht gestört. Im Gegenteil, je mehr Eltern zusammenglucken, umso weniger stören sie die Kinder.

Auf dem Bauernhof war noch eine andere Familie, mit drei megainteressanten Jungs. Von denen wollte jeder am liebsten mit mir allein spielen. Das ging natürlich nicht, das hätte bloß ständig Streit gegeben. Und wir waren ja zum Erholen da und nicht zum Streiten.

Wir haben uns dann immer alle zusammen rumgetrieben, wir zwei Mädchen und die vier Jungs.

Nur Alex war nicht dabei, der hat unentwegt gelesen. Bücher über die alten Römer. Ich glaube aus Trotz, weil er ja mit Papa unbedingt nach Rom wollte. Auch recht, so war er uns wenigstens nicht im Weg.

Bis auf Minizwischenfälle waren die Tage für alle sehr erholsam und ziemlich friedlich. Mama und Papa und die anderen Eltern konnten ungestört im Liegestuhl liegen und lesen. Und einmal durften sie sogar mit der Bäuerin zusammen Brot backen. Da haben sie sich gefreut wie kleine Kinder.

Und wir konnten spielen, ohne dauernd von Erwachsenen gestört zu werden. Das war toll! Wir haben die Hühner gefüttert, mit unserem Hund Arni die Kühe gescheucht und sind in den Bäumen herumgeklettert.

Passieren konnte dabei nicht viel. Niko hat sich beim Kühejagen das Knie aufgeschlagen, aber nicht schlimm und auch nur zweimal. Von den Jungs wurde einer genäht, aber nur einer. Und die Vanessa musste kurz mal geröntgt werden, aber es war nichts. Klettern durften wir dann nicht mehr.

Aber weil man ja nicht vierzehn Tage lang Hühner füttern und Kühe scheuchen kann und wir auch nicht mehr klettern durften, haben wir uns was Neues ausdenken müssen. Jeder hat was vorgeschlagen, aber meine Idee war die beste.

Ich habe nämlich gesagt, dass die Bauern jeden Tag so viel arbeiten müssen, in den Ställen und auf den Feldern. Und dass wir ihnen ruhig auch mal helfen könnten, statt immer nur zu spielen.

Das fanden alle gut.

Als die Bauern dann am nächsten Tag auf dem Feld waren, haben wir uns auf dem Hof umgesehen, was wir tun könnten. Und ich wusste es gleich.

»Habt ihr mal die Schweine gesehen«, habe ich zu den anderen gesagt, »wie schmutzig die sind? Die müssen dringend mal gewaschen werden.«

Das fanden die anderen auch. Und die, die es nicht fanden, wurden überstimmt.

Wir haben dann die Schweine in das Gehege von den Hühnern getrieben und haben sie mit Wasserschläuchen gründlich abgespritzt und mit Wurzelbürsten geschrubbt.

Bei denen ist vielleicht ein Dreck runtergegangen, Mannomann! Und Spaß am Duschen haben sie auch gehabt, die Schweine. Die haben richtig gequietscht vor Vergnügen.

Leider sind sie uns dann ausgekommen, obwohl sie noch gar nicht fertig gewaschen waren. Und sind wie blöd auf dem Hof herumgedüst, immer den Hühnern nach. Und die sind herumgeflogen wie echt aufgescheuchte Hühner. Am Schluss haben sich die Schweine dann auch noch alle im Mist gewälzt, gerade als die Bauern heimgekommen sind. Der Hof sah vielleicht aus, schlimmer noch wie zuvor der Schweinestall.

Wir haben dann den Bauern geholfen, die Tiere wieder in die Ställe zu treiben. Freiwillig, ohne dass es uns jemand angeschafft hat.

Und Mama und Papa und die anderen Eltern haben sich darangemacht, den Hof aufzuräumen und sauberzumachen.

Ich glaube, das war auch für sie eine neue Erfahrung.

Am Schluss sind dann alle erschöpft auseinander gegangen, um zu duschen. Aber noch Tage danach haben wir gerochen.

Wir sind alle am gleichen Tag abgereist.

Vor der Abreise haben wir Kinder uns noch fürs nächste Jahr verabredet, weil die Ferien auf dem Bauernhof einfach toll waren.

Hoffentlich fallen mir wieder so gute Gründe ein, um Mama und Papa noch einmal für Bau-

ernhof zu motivieren. Am besten für den gleichen.

Aber vielleicht ist das auch gar nicht nötig.

Vielleicht haben sie ja längst verstanden, dass
es für Kinder nichts Schöneres gibt als Ferien auf
einem Bauernhof.

Und dass, wenn es für die Kinder im Urlaub
schön ist, es auch für die Eltern schön ist.

# Vierzehntes Kapitel

in dem ich mir über die Lehrer so
meine Gedanken mache.

Das Kapitel über die Lehrer haben die Leute vom
Verlag in meinem Buch nicht haben wollen. Dabei war es ganz kurz. Aber vielleicht war es etwas zu bündig.

Sie haben gemeint, es wäre besser für mich,
damit noch zu warten, bis ich nicht mehr auf der
Schule bin.

# Fünfzehntes Kapitel

in dem ich mich frage, ob ich nicht
überhaupt zu den Hochbegabten
gehöre. Und dass sich alle Eltern
von Kindern mit schlechten Noten
das auch mal fragen sollten.

Neulich habe ich bei meinem Bruder Alexander
im Zimmer ein Infoblatt vom Schulministerium
gefunden. Natürlich rein zufällig, ich würde nie
spionieren oder suchen, nie.

»Informationen zum Überspringen von Jahrgangsstufen« stand darauf. Und ein Antrag zum
Ausfüllen für die Eltern war dabei. Und auch ein
Testbogen: »Wie erkenne ich, dass mein Kind
hochbegabt ist?«

Überspringen von Jahrgangsstufen, habe ich
gedacht, das klingt ja megainteressant. Ein Jahr
Schule weniger, wäre das nicht überhaupt was
für mich?

Auf dem Testbogen gab es zehn Fragen zum

Beantworten. Man konnte »stimmt«, »stimmt nicht« und »nicht sicher« ankreuzen. Da habe ich dann gleich mal mit Ankreuzen angefangen.

*Punkt 1: Im Kindergarten langweilte sich Ihr Kind. Bei bestimmten Spielen machte es nicht mit und störte stattdessen, oft nur um Aufmerksamkeit zu erhalten.*

Also, da brauchte ich nicht lange zu überlegen. Kreuzchen bei »stimmt«. Wenn *ich* die Kinder nicht immer aufgepeppt hätte, wäre es im Kindergarten ganz schön langweilig gewesen. Deswegen habe ich mich dann ja auch schon sehr früh auf Schule gefreut. Leider zu früh, wie ich bitter erfahren musste.

*Punkt 2: Ihr Kind fiel im Kindergarten auf, weil es keinen Spaß an den altersgemäßen Spielangeboten hatte.*

Habe »stimmt« angekreuzt. So Babyspiele wie »Häschen in der Grube« und »Taler, Taler, du musst wandern« hab ich immer blöd gefunden. Mich haben nur außergewöhnliche Spiele interessiert. Solche, bei denen es den Kindergärtnerinnen kalt den Rücken runtergelaufen ist und die Haare aufgestellt hat.

*Punkt 3: Ihr Kind interessierte sich schon sehr früh für Dinge, für die es eigentlich noch zu klein ist.*

Aber holla!, habe ich gedacht, das trifft ja voll auf dich zu. Als Kleinkind habe ich nicht nur in Büchern geblättert, wie mein Onkel Poldi mir erzählt hat, ich habe sogar schon angefangen, sie zu essen. Einmal musste man mit mir ins Krankenhaus deswegen. Also Kreuzchen bei »stimmt«.

Punkt 4: *Ihr Kind kann sich oft nicht in die Gruppe einbringen, beim Spielen wie in der Schule.*

Quatsch, und wie ich mich in die Gruppe einbringen kann. Da weiß jeder ganz schnell, woran er ist, wenn ich mich erst mal einbringe. »Stimmt nicht« angekreuzt.

Punkt 5: *Ihr Kind ist in der Klasse unbeliebt, weil es für die anderen ein »Streber« ist.*

Also, da habe ich echt lachen müssen. Unbeliebt bin ich nun wirklich nicht. Und einen Streber hat mich auch noch nie jemand genannt. Und auch meine Lehrerin weiß, dass ich nicht so ein Streber bin wie Blödmann Berthold. Und meine Noten sprechen auch nicht dafür. Habe »stimmt nicht« angekreuzt.

Punkt 6: *Ihr Kind fällt dem Lehrer auf, weil es keinen Spaß an den klassenüblichen Lernangeboten hat.*

Stimmt total. Erstens falle ich meiner Lehrerin

immer auf. Und zweitens interessieren mich ganz andere Sachen als die klassenüblichen Lernangebote. Kreuz also bei »stimmt« gemacht.

Punkt 7: *Erwachsene werden von Ihrem Kind ständig mit Fragen bombardiert.*

Und wie, aber holla! Leider können die Erwachsenen meine Fragen meist nie beantworten. »Stimmt« angekreuzt. Hätte eigentlich zwei Kreuze verdient.

Punkt 8: *Ihr Kind diskutiert mit Ihnen über Themen, die gleichaltrige Kinder nicht interessieren.*

Stimmt ja schon wieder, habe ich gedacht. Welches gleichaltrige Kind diskutiert schon mit den Eltern darüber, wie sie mit Kindern besser zurechtkommen können. Oder mit der Lehrerin, wie der Unterricht verbessert werden kann. Also dickes Kreuz bei »stimmt«.

Punkt 9: *Ihr Kind versteht unter Umständen komplizierte technische Abläufe und kann dieses Wissen auch anwenden.*

Na ja, habe ich überlegt, trifft eigentlich eher auf meinen Bruder Niko zu. Habe dann lieber »nicht sicher« angekreuzt. Ich wollte ja ganz ehrlich mit mir sein.

Punkt 10: *In der Schule fühlt sich Ihr Kind un-*

*terfordert. Es zeigt schwache Leistungen, obwohl es überintelligent ist.*

Aber holla!, habe ich gedacht. Und wie ich mich unterfordert fühle, praktisch jeden Tag. »Stimmt« angekreuzt.

Also, dass meine schwachen Leistungen in der Schule vielleicht nur deswegen sind, weil ich überintelligent bin, daran habe ich bis jetzt überhaupt noch nicht gedacht gehabt. Aber es leuchtet mir voll ein.

Am Schluss hat man die Kreuzchen zusammenzählen müssen, und bei mir ist »hochbegabt« herausgekommen.

Ich war natürlich total erstaunt. Aber auch ein bisschen unsicher, ob das auch wirklich stimmt.

Im Infoblatt habe ich dann noch gelesen, dass eine Hochbegabung oft erst von den Eltern oder Lehrern erkannt wird, wenn das Kind auffällig anders ist als andere Kinder.

Da bin ich dann gleich mal zu Mama und habe sie gefragt, ob sie findet, dass ich auffällig anders bin als andere Kinder.

Ganz beiläufig natürlich, ich wollte sie ja nicht gleich mit meiner Hochbegabung erschrecken. Oder ihr gar ein schlechtes Gewissen machen, weil sie die bisher noch gar nicht erkannt hat.

»Eins ist sicher«, hat Mama gesagt, und es klang ziemlich überzeugend, »unauffällig bist du nicht.«

Wie ich mir schon gedacht hatte.

Und dann habe ich sie noch gefragt, ob sie mich anstrengend findet. In dem Infoblatt ist nämlich auch noch gestanden, dass den wenigsten Menschen klar ist, dass der Umgang mit einem hochbegabten Kind anstrengend sein kann.

Mama hat gar nichts gesagt. Nur mit den Augen hat sie gerollt und dabei zum Himmel geschaut. Das tut sie oft, wenn sie sich von dort Hilfe verspricht.

Und da wusste ich es: Auch *ich* gehöre dazu. Auch *ich* bin eine Hochbegabte.

Ich bin ganz still in mein Zimmer, habe die Fenster geöffnet und die klassenüblichen Lernangebote hinausgeworfen.

Und dann habe ich den »Antrag zum Überspringen von Jahrgangsstufen« ausgefüllt und ans Schulministerium eingeschickt.

Leider hat es mit meinem Klassen-Überspring-Antrag nicht so geklappt, wie ich mir das gedacht hatte.

Dafür haben meine Eltern einen Anruf von der Schule gekriegt und mussten hin.

Geschimpft hat Papa mich aber nicht, nur Mama hat hinterher gesagt: »Glaubst du vielleicht jetzt, dass du auffälliger bist als andere Kinder?«

Das hat mir aber nichts ausgemacht, dass sie das gesagt hat. Ich wusste ja jetzt, dass ich hochbegabt bin. Und dass Kinder von ihren Eltern meist nicht als Hochbegabte erkannt werden. Oft erst nach ihrem Tod.

Und deswegen kann ich allen Eltern nur raten, sich nicht gleich über die schlechten Noten ihrer Kinder aufzuregen. Und sich lieber erst einmal zu fragen, ob sich hinter den schlechten Noten nicht eine echte Hochbegabung verbirgt.

# Sechzehntes Kapitel

in dem ich frage, wieso die Eltern
immer schon wissen, was aus einem
mal werden soll. Auch wenn man
selbst es noch gar nicht weiß. Oder
was ganz anderes werden will.

Bei uns in der Klasse haben sie jetzt auch eine
Befragung gemacht. So eine, wie sie bei meinem
Bruder Alexander über Hausaufgaben und glück-
liche Schüler eine gemacht haben.

Eine Frau Professor von der Universität war
da. Sie sah total echt nach Professor aus, mit
einem Knoten im Haar. Sie hat von uns wissen
wollen, was wir einmal werden wollen. Als ob
sie das was angehen würde!

Unsere Lehrerin, die Frau Herbst, war wahn-
sinnig nett zu uns. So nett, wie sie im ganzen
Jahr nicht gewesen ist. Sie hat gesagt, dass sie
sehr stolz ist, dass gerade unsere Klasse für diese
wichtige Befragung ausgewählt worden ist.

Die Frau Professor ist rumgegangen in der Klasse und hat jedem ein großes Blatt gegeben. Auf dem Blatt stand: »Erhebungsbogen: Wie Kinder sich ihre Zukunft vorstellen«.

Wie soll ich das denn jetzt schon wissen?, habe ich gedacht. Das sollte sie lieber die Eltern fragen, weil die ja immer schon im Voraus wissen, was ihre Kinder einmal werden sollen. Manche sogar schon vor der Geburt.

Dann hat die Frau Professor uns erklärt, was wir tun müssen.

Die Aufgabe hat gelautet: »*Stell dir vor, du bist dreißig Jahre alt. Als was siehst du dich dann? Male es und schreibe es in deinen eigenen Worten.*«

Ich habe die Frau Professor gefragt, wie sie das meint, mit den eigenen Worten. Denn mir war nicht klar, mit welchen anderen Worten man es sonst noch schreiben könnte.

Meine Lehrerin ist ganz blass geworden, als ich das gefragt habe. Sie hat zu lächeln versucht, aber so ganz gelungen ist es ihr nicht.

Die Frau Professor hat zu mir gesagt: »Einfach so, wie du willst, mein Kind.«

Über das Kind habe ich mich geärgert.

Und zu meiner Lehrerin hat sie gesagt: »Wohl eine aus dem gehobenen Leistungsniveau, das Mädchen?«

Sie hat es ganz leise geflüstert, aber ich habe es doch gehört.

Und die Frau Herbst hat genickt. Das hat mich sehr stolz gemacht.

Klar, dass es stimmt, habe ich gedacht. Als Hochbegabte gehöre ich natürlich zum gehobenen Leistungsniveau. Wohin denn sonst?

Aber trotz meiner Hochbegabung ist es mir echt schwergefallen, zu schreiben und zu malen, was ich einmal sein will. Weil ich ja so viel werden kann und es sich dauernd ändert. Aber das ist ja typisch für die Hochbegabten, die können eben so viel werden.

Ich bin dann rasch mal im Kopf Berufe durchgegangen, die ich nehmen könnte: Astronautin, Hundetrainerin, Schriftstellerin, Journalistin, Hochseilartistin, weil ich schwindelfrei bin, Wüstenforscherin, Rettungsschwimmer-Ausbilderin. Und auch die Berufe, die bei mir überhaupt nicht in Frage kommen, die ich total abhaken kann: Mathematiklehrerin, Buchhalterin, Bankangestellte und so etwas.

Eine Zeitlang hatte ich ja auch mal an Lehrerin-

Werden gedacht. Um allen einmal zu zeigen, wie Lehrer sein sollten, damit Kinder sie toll finden. Von Lehrerin-Werden bin ich aber wieder abgekommen, seit ich die Frau Herbst als Lehrerin habe.

Ich habe die Befragung schon ganz vergessen gehabt, da hat Mama neulich beim Abendessen erzählt, dass sie mit anderen Eltern in die Schule eingeladen war. Und dass eine Frau Professor ihnen berichtet hat, was bei der Berufsbefragung in unserer Klasse herausgekommen ist. Dass sie auch Bilder von den Kindern und ihren Berufsträumen gezeigt hat, natürlich ohne Namen zu nennen. Und dass es sehr interessant gewesen ist.

Während Papa in dem Bericht gelesen hat, den die Eltern mitbekommen haben, hat Mama erzählt, was die meisten Kinder in unserer Klasse werden wollen.

Die Mädchen haben meist Berufe nehmen wollen, wo sie helfen und beschützen können, oder für andere was Gutes tun: Ärztin, Tierärztin, Lehrerin oder Medizinforscherin.

Und die Jungen haben sich mehr für Berufe mit Technik und Kraft interessiert, wie Bodyguard, Geheimpolizist, Detektiv, Feuerwehrmann, Fußballspieler, Pilot oder Rennfahrer.

»Der Rennfahrer ist der Timo«, habe ich gleich gesagt, »der will Formel-1-Rennfahrer werden und nichts anderes.«

Mama hat gelacht und gesagt: »So ein Quatsch. Aber lass ihn dabei, wenn es ihn glücklich macht. Der Timo wird Augenarzt. Sein Vater wartet doch schon darauf, dass er fertig wird und die Praxis übernimmt. Das weiß ich von seiner Mutter.«

»Da kann er warten, bis er schwarz wird«, habe ich gesagt, »der Timo wird Rennfahrer, basta!«

Ich bin richtig sauer gewesen, dass die Eltern bestimmen wollen, was man werden soll.

Aber das ist ja nicht nur beim Timo so. Bei anderen ist es das Gleiche. Ich habe ja Einblick in viele Familien.

Mama hat dann noch gesagt: »Wie immer bei solchen Befragungen hat es auch merkwürdige Antworten gegeben. Exotische Berufsvorstellungen. Ein Mädchen will Dompteur werden.«

»Das wird sie nicht lange sein«, hat Blödmann Alex gesagt und idiotisch gelacht.

Aber Niko hat gesagt, dass er Dompteur für ein Mädchen voll cool findet.

Jeder von der Familie hat seinen Senf dazugegeben. Und als dann niemand mehr was gesagt hat, habe ich gesagt: »Die mit dem Dompteur-Werden, das war ich.«

Papa ist vor Schreck der Befragungsbericht runtergefallen, und Mama hat mich angeschaut, als sei ich ein Zombie oder von einem anderen Stern.

Und Alex hat gemeint: »Jetzt dreht sie völlig durch.«

Niko hat zu mir gehalten. »Echt, Kiki«, hat er gesagt, »voll cool.«

Papa hat sich am schnellsten wieder zusammengehabt und hat gemeint: »Kommt Zeit, kommt Rat.«

Papa hat in kritischen Momenten immer so beruhigende Bemerkungen auf Lager.

Aber dann hat er wissen wollen, wie ich ausgerechnet auf Dompteur komme.

Ich habe erzählt, dass ich, als ich mit der Klasse im Zirkus war, bei der Tierfütterung zugeschaut habe. Und dass ich dort mit einer tollen Dompteuse gesprochen habe. Einer coolen Italienerin, mit einer Menge Kratzer an den Armen. Und dass die mir sehr zugeredet hat zu dem Beruf. Und auch gesagt hat, dass es bei den Dompteuren einen großen Nachwuchsbedarf gibt, weil viele den Beruf gar nicht lange ausüben.

Mama ist ganz blass geworden im Gesicht. Das hatte ich erwartet, allerdings schon früher.

Und außerdem habe ich Dompteur genommen, habe ich gesagt, weil es sich so schön malen lässt. Mein Kopf im Maul des Löwen und Mama und Papa zitternd und schreiend daneben. Und überhaupt, weil es niemand was angeht, was ich wirklich einmal werden will.

Um das Thema zu wechseln, hat Papa dann wieder in den Bericht geschaut und gesagt: »Förster wollte von euch anscheinend niemand werden, auch nicht Bauer. Die Frau Professor findet das auffallend.«

»Ja, wie soll denn ein Kind Förster oder Bauer werden wollen«, habe ich gesagt, »wenn es als Stadtkind noch nie in einem Wald ein Reh gesehen hat. Und noch nie auf einem Bauernhof gewesen und Traktor gefahren ist.«

Papa hat mich ganz erstaunt angesehen.

Aber dann hat er gesagt: »Stimmt, Kiki, da hast du völlig recht.«

Und ich habe noch gesagt: »Und wenn man die Eltern fragt, was ihre Kinder einmal werden sollen, kommt natürlich auch was anderes heraus, als wenn man die Kinder fragt, was sie wollen. Weil die sich nämlich was ganz anderes vorstellen.«

»Da magst du recht haben«, hat Papa gesagt. »Bei Timos Vater würde dann nicht Rennfahrer, sondern Augenarzt herauskommen.«

»Aber das wird er nicht«, habe ich gesagt, »weil er Rennfahrer wird.« Und dann bin gegangen. Ich war richtig sauer auf die Eltern, die immer alles besser wissen wollen.

Also, ich finde, solche Befragungen in der Schule sind ein großer Quatsch. Weil nämlich die Eltern sowieso immer schon wissen, was ihre Kinder werden sollen. Und die Kinder das oft auch noch werden müssen. Nur weil die Eltern sich das so vorstellen. Oder weil die Noten für Arzt-Werden oder Rechtsanwalt eben mal passen.

Wieso die Eltern aber immer schon im Voraus wissen, was aus einem mal werden soll, das möchte ich schon gern mal wissen.

Aber vielleicht erfüllen sie sich ja auch einfach nur einen Traum. Einen Traum aus ihrer Kindheit. Weil sie auch nicht werden durften, was sie gerne wollten. Oder sie haben es versucht, aber nicht geschafft.

Aber Kinder sind nicht dazu da, die Träume ihrer Eltern in Erfüllung gehen zu lassen.

Kinder wollen ihre eigenen Träume erfüllen. Und das sollen sie auch.

Und das meine ich ganz ernst.

# Siebzehntes Kapitel

in dem ich herausgefunden habe,
warum es die Mütter viel schwerer
mit den Kindern haben als die
Väter. Und es allen mal erklären
möchte.

Also, darüber habe ich mir ja schon oft meine
Gedanken gemacht. Warum mit Mama alles viel
schwieriger ist als mit Papa. Warum wir Kinder
mit Papa viel besser zurechtkommen als mit ihr.
Und das ist nicht nur bei uns so, auch in anderen
Familien ist das so. Stress gibt es immer mit den
Müttern.

Aber jetzt weiß ich auch, warum. Und dazu
muss ich eine Geschichte erzählen.

Neulich am Sonntag haben wir Kinder mit
Papa einen Ausflug gemacht. Arni, unser Hund,
war auch dabei. Auch Alex. Hat sich aber ganz
vernünftig benommen, wenigstens nicht dauernd von Schule geredet. Denn das kann man

auf einem Ausflug nicht brauchen, der soll ja schön sein.

Papa macht oft Ausflüge mit uns am Wochenende. Oder andere tolle Sachen. Und immer geht es ganz friedlich zu. Da wird kaum gestritten wie daheim immer. Und es wird einem auch nicht so oft was verboten. Und nach den Hausaufgaben wird überhaupt nicht gefragt. Und essen dürfen wir auch Sachen, die wir bei Mama nicht dürfen.

Neulich am Sonntag haben wir also wieder so einen schönen Ausflug mit Papa gemacht. Wir sind in einem Wildpark gewesen. Das war megainteressant. Und anschließend sind wir auf einem See gerudert, mit zwei Booten. Und haben Piraten gespielt. Es hat auch eine Seeschlacht gegeben, und Alex ist dabei ins Wasser geflogen. Ertrunken ist er aber nicht, weil er schwimmen kann. Am Schluss waren wir alle ziemlich erschöpft, aber auch glücklich.

Daheim hat Mama schon mit dem Essen auf uns gewartet. Es gab was, was ich total gerne mag: Pfannkuchen mit Apfelmus. Und hinterher Vanilleeis mit heißer Schokosauce. Sehr lecker!

Abwechselnd haben wir erzählt, was wir erlebt haben. Und wie toll es mit Papa wieder gewesen ist.

Und am Schluss hat Niko zu Mama gesagt: »So toll sollte es mit dir auch mal sein.«

Mama hat nichts dazu gesagt. Aber ich habe gemerkt, dass sie plötzlich ganz traurig geworden ist. Sie hat uns gute Nacht gewünscht, und dass wir von dem schönen Ausflug mit Papa träumen sollen. Und sie hat jedem von uns einen Gutenachtkuss gegeben.

Dann sind wir auf unsere Zimmer.

Einschlafen habe ich aber nicht gekonnt. Weil ich nämlich dauernd an Mama denken musste, und dass sie so traurig gewesen ist.

Und dann bin ich noch mal aufgestanden und in die Küche gegangen, um mir was zu trinken zu holen.

Die Tür zum Wohnzimmer war einen Spalt offen. Und ich konnte hineinsehen. Mama und Papa sind auf dem Sofa gesessen. Papa hat Mama im Arm gehabt, und sie hat geweint.

Wenn Mama weint, ist das für mich noch viel schlimmer, als wenn sie schimpft.

Ich bin ganz leise hinein ins Zimmer und zu ihr und Papa.

Weil ich nicht gewusst habe, was ich sagen sollte, habe ich Mama gestreichelt.

Aber dann habe ich doch etwas gesagt. »Bist

du traurig«, habe ich gefragt, »weil du nicht dabei gewesen bist?«

Mama hat nichts sagen können, weil sie so geweint hat. Nur den Kopf hat sie geschüttelt.

Da hat Papa gesagt: »Mama ist traurig, weil sie denkt, dass es für euch nur mit mir schön sein kann. Und weil sie denkt, dass ihr nur mit ihr Probleme habt und nie welche mit mir.«

Und dann hat er noch etwas gesagt: »Weißt du, Kiki«, hat er gesagt, »wenn Väter mit den Kindern was Schönes unternehmen, dann ist das nicht besonders schwer. Weil es viel leichter ist, hin und wieder mal schöne Sachen miteinander zu machen, als jeden Tag über Schule und Lehrer sprechen zu müssen. Viel leichter, als euch jeden Tag für Hausaufgaben zu motivieren, den Haushalt zu schmeißen und vielleicht auch noch im Beruf zu stehen. Vor allem aber viel leichter, als jeden Tag euer Blitzableiter zu sein.«

Ich habe mich zwischen Mama und Papa gedrängt. Ich habe Mama umarmt und sie ganz doll gestreichelt. Ich wollte nicht, dass Papa weiter was sagt. Ich wusste jetzt, warum Mütter es viel schwerer haben mit den Kindern als die Väter. Aber wie man das ändern kann, wusste ich nicht.

Mama hat mich ins Bett gebracht und mir einen dicken Gutenachtkuss gegeben.

Und weil ich gesehen habe, dass sie nur noch ein bisschen traurig war, habe ich gesagt: »Aber wenn du kein Blitzableiter mehr sein willst, damit es auch für dich schön ist mit uns, wer soll dann unser Blitzableiter sein?«

Da hat sie gesagt: »Mama wird immer euer Blitzableiter sein. Weil man Mamas als Blitzableiter nicht auswechseln kann.«

Und dann hat sie noch gesagt und dabei gelacht: »Aber es wäre schon schön, wenn ihr Kinder es in Zukunft ein bisschen weniger blitzen lassen könntet.«

So, jetzt wissen alle, warum das mit den Müttern so ist.

Und niemand sollte es vergessen.

Die Kinder nicht und die Väter auch nicht.

# Achtzehntes Kapitel

in dem ich sage, was mir ganz
wichtig ist.

Und nun ist mein Buch zu Ende.

Eigentlich hätte ich ja noch eine Menge mehr
zu sagen.

Aber fürs Erste genügt es, glaube ich.

Sie haben jetzt viel gehört von mir, und darüber können Sie ruhig einmal nachdenken.

Ich hoffe nur, dass Sie nicht nur nachdenken,
sondern dass sich bei Ihnen zu Hause auch was
ändert. Und in der Schule auch. Denn wenn sich
gar nichts ändern würde, hätte ich mir die Arbeit
echt sparen können.

Und das ist mir noch ganz wichtig, dass Sie
*das* wissen:

Kinder sind keine kleinen Erwachsenen.

Kinder sind Kinder.

Und sie gehören auch nicht den Eltern, sondern sich selbst.

Und sie haben Wünsche und Hoffnungen und Träume.

Und die Wünsche, Hoffnungen und Träume der Kinder sind nicht die gleichen wie die Wünsche, Hoffnungen und Träume der Erwachsenen.

Dass Sie *das* wissen, ist mir ganz, ganz wichtig.

Und dass Sie es nie vergessen, auch.

# Zum Autor:

Klaus Heilmann war Arzt, Universitätsprofessor, Kommunikationsexperte, Publizist. Er hat wissenschaftliche Bücher, Hörspiele, Romane, Drehbücher und Theaterstücke geschrieben. Heute schreibt (und liest) er vorwiegend (und am liebsten) für Kinder: Er hat neue Kinderbuchfiguren geschaffen und aus seinen mittlerweile acht Kinderbüchern an mehr als 300 Schulen vor über 2000 Schulklassen und rund 50 000 Kindern gelesen. Wer vor so vielen Kindern gelesen und mit so vielen Kindern gesprochen hat, der weiß, was Kinder bewegt. Sie sind es auch, die ihm die Inspirationen für Kikis Abenteuer in der Welt der Erwachsenen gegeben haben.

Klaus Heilmann ist Vater eines Sohnes und lebt und arbeitet in München und der Toskana.

*Das angelino Hörbuch zum Buch*

Klaus Heilmann

# Kikis nützlicher Kinderratgeber

## Was Erwachsene über Kinder wissen sollten

*Gelesen vom Autor*

angelino Verlag, München
ISBN 978-3-9811828-7-3

Bei Kindern ist Kiki schon Kult

**Kikis Welt - Die Kinderhörbuchreihe**
Die ersten fünf Folgen sind bereits erschienen
Überall im Buchhandel erhältlich

www.angelino-verlag.de

richtige geschichten für kinder